불안장애 아동

_ 불안하고 걱정 많은 아이를 어떻게 도울 것인가?

| 아동과 청소년 문제 해결시리즈 4 |

불안장애 아동

불안하고 걱정 많은 아이를
어떻게 도울 것인가?

김유숙 · 박진희 · 최지원 지음

INNER BOOKS 이너북스

"엄마가 나를 버리고 가 버리면 어떻게 하지?" "시간이 부족해서 이 문제들을 다 풀지 못하면 어떻게 하지?" "사람들이 다 나만 쳐다보는 것 같아. 내가 빨간색을 입어서 그럴 거야. 빨리 집에 가고 싶어." 이런 생각으로 스스로를 힘들게 하는 아이들이 늘고 있다.

사회가 불안해지면서 불안함을 느끼는 사람도 늘고 있다. 전문가들은 열 명 중 한 명이 불안에 시달리고 있으며, 이런 경향은 아동이나 청소년도 다르지 않다고 주장한다. 불안은 지금까지와 다른 무엇을 경험할 때 느끼는 인간의 기본적 감정 중 하나다. 그러나 크게 걱정하거나 불안해하지 않아도 될 일에도 불안함을 느끼면서 자신의 역할을 수행하는 데 어려움을 겪는 아동이나 청소년이 늘고 있다는 점을 간과해서는 안 된다. 이런 자녀들의 어려움에 대해 어떤 부모는 지나치게 예민하게 반응하며, 또 다른 부모는 불안을 자녀의 기질이나 성격으로 치부하고 그다지 문제의식을 가지지 않기도 한다. 불안과 관련된 어려움은 흔하면서도 심각한데도 그에 대한 적절한 대처는 이루어지지 못하고 있는 실정이다. 적절한 대처를 한다면 불안이 오히려 살아가는 데 긍정적인 힘이 될 수 있다는 점에서 부모들은 이에 대한 관심을 가질 필요가 있다.

우리는 아동이나 청소년에 대한 지속적인 임상적 경험을 토대로 이 책을 썼다. 그동안 다양한 사례를 경험하면서 부모들이 자녀의 어려움을 정확히 이해하지 못한 채 눈앞에서 벌어지는 여러 가지 문제에 당황하는 것을 자주 보았다. 실제 문제보다 과장해서 바라보고 지나친 반응을 보이는가 하면 무심하게 지나쳐 버리는 부모들이 있는데, 우리의 경험에 따르면 어느 쪽이든 부모가 자녀의 어려움을 정확히 이해하지 못한다는 것은 문제를 해결하는 데 도움이 되지 못한다.

이에 우리는 아동, 청소년을 둘러싼 가족이나 전문가에게 도움을 주고 그들과 관련 지식을 함께 나누고 싶다는 열망을 가지고 현장에서 자주 볼 수 있는 몇 가지 문제를 선택하여 '아동과 청소년

문제해결 시리즈'를 구성했다. 이 시리즈는 기본적으로 세 파트로 구성되었다. 첫 번째 파트는 각 문제행동에 대한 정확한 이해를, 두 번째 파트는 이들을 돌보는 가족이나 전문가에 대한 조언을, 세 번째 파트는 이들과 상호교류하는 데 유용한 여러 가지 놀이나 게임을 소개했다.

이 책의 출판과 관련하여 많은 분들에게 감사한다. 우리의 열정과 아이디어만을 믿고 책의 출판과 여러 가지 놀이도구를 제작하도록 허락해 주신 학지사의 김진환 사장님과 세심하게 편집을 해준 이하나 씨에게 감사드린다. 학교와 센터를 오가면서 많은 시간 책의 집필이나 놀이도구의 개발에 힘쓴 우리를 불평 없이 지켜봐 준 가족들에게도 고마움을 전한다. 그러나 우리에게 많은 지식을 준 내담자들이 없었다면 아무것도 할 수 없었을 것이다. 이 '아동과 청소년 문제해결 시리즈' 의 모든 지식은 그동안 우리와 함께했던 내담자들을 통해 배운 것이라는 점을 밝히면서 일일이 이름을 밝힐 수 없는 많은 분들께 감사를 전한다.

한스카운셀링센터에서
저자 일동

차례
CONTENTS

Part 1

불안장애에 관하여

Doll's House

불안한 감정이 왜 필요한가요?

불안과 공포는 어떻게 다른가요?

아이가 불안하다는 것을 어떻게 알 수 있나요?

정상적인 불안과 비정상적인 불안을 어떻게 구별하나요?

불안장애의 유형은 어떤 것이 있나요?

불안한 감정이 왜 필요한가요?

초등학교 1학년 혜영이는 내향적인 성격의 아이다. 혜영이는 초등학교에 입학하기 전부터 엄마를 난감하게 만들었다. 앞으로 학교에서 새로운 친구들을 사귈 수 있다고 즐거워하는 다른 집 아이와는 달리, 혜영이는 몇 달 전부터 학교에 가야 한다는 것을 무척 걱정했다. 때로는 학교에 있는 자기를 엄마가 데리러 오지 않았다는 악몽을 호소하며 한밤중에 울기도 했다. 입학 전날도 아이는 '학교는 가지 않겠다'고 울며 엄마에게 매달렸다. 엄마가 학교에 가면 친구들도 사귀고 재미있게 지낼 것이라고 혜영이를 달랬지만 막무가내였다. 결국 엄마가 학교에서도 계속 혜영이 곁에 있겠다는 약속을 하고서야 아이는 입학식으로 향했다. 입학식 내내 아이는 엄마가 어디 있는지를 확인했다. 담임선생님에게 양해를 구하고 반에도 따라 들어갔다. 오랜 교사 경험을 가진 담임선생님은 가끔 있는 일이라며 대수롭지 않게 받아들였지만, 혜영이 엄마는 걱정이 많다. 사실 혜영이는 낯선 환경에 적응할 때마다 다른 아이와는 비교가 되지 않을 만큼 불안해하면서 많은 어려움을 보였다. 어린이집에 보낼 때도 지금과 똑같은 일이 벌어져서 아이가 적응할 때까지 오랫동안 엄마가 어린이집에서 아이와 함께 시간을 보내야 했다. 그때의 기억을 되살려 보면 혜영이는 한동안 설사와 복통 같은 신체적 증상으로 자신의 두려움을 표현하기도 했다. 혜영이는 어릴 때부터 엄마와 떨어지지 않으려 했고, 특히 잠들 때는 더 힘들어서 엄마는 혜영이가 잠들 때까지 항상 곁에서 지키고 있어야 했다. 엄마는 아이가 왜 이렇게 자신에게서 떨어지지 않으려는지 이유를 몰라 당황했다. 아이의 기분이 좋을 때 이런 것에 대해 물어보면 아이는 '엄마가 자동차에 치일 것 같다' '엄마가 사막에 가서 호랑이에게 잡혀먹힐 것 같다' 는 등의 도저히 이해하기 힘든 이유를 대서 엄마를 더 힘들게 했다.

나 학교 안 갈래~!

학교에 가면 새로운 친구도 만나고 재미있게 지낼 수 있단다.

이 같은 혜영이의 행동을 정리해 보면 다음과 같다.

* 엄마가 재난을 당할 것 같은 현실과 동떨어진 걱정을 하거나 엄마가 돌아오지 않을 것 같은 공포에 휩싸인다.
* 엄마와 떨어지는 것이 불안하여 학교 가기를 싫어하거나 거부한다.
* 엄마가 가까이 있지 않으면 잠들지 못하거나 자는 것을 거부한다.
* 엄마로부터 분리되는 것을 주제로 한 악몽을 꾼다.
* 엄마로부터 분리되면 설사, 두통, 구토와 같은 신체적 증상을 반복한다.
* 엄마와 함께 있지 못하는 것을 예상하는 것만으로도 극단적인 슬픔에 빠진다.

모든 아동이 정상적인 발달 과정에서 행복, 즐거움, 기쁨, 만족감과 같이 긍정적인 감정을 느끼며 생활하는 것처럼, 살아가는 데는 공포, 걱정, 불안, 부끄러움, 분노 등 부정적인 감정도 필요하다. 그렇다면 왜 이런 부정적인 감정들이 삶에 필요한 것일까? 불안은 아동을 두렵게 만들고 위축시키는데, 그럼에도 불구하고 왜 꼭 필요한 감정일까? 불안은 인류가 긴 세월 동안 생존할 수 있게

도운 중요한 감정 중 하나다. 인류가 여러 종의 동물들과 경쟁하며 하루하루를 살아갈 때 불안의 감정이 없었다면 위험을 무릅쓰고 동물과 대적하려 했을 것이고, 무모한 도전으로 위기에 처하는 일들이 많아 종의 유지에 위협을 받았을지도 모른다. 예를 들어, 깊은 산속에서 호랑이와 마주친 사람이 있다면 그는 갑작스러운 위험에 대해 공포를 느끼며 도망가려고 할 것이다. 그렇지 않다면 그 사람은 호랑이에게 잡혀먹힐 지도 모른다.

현대를 살아가는 아동들도 마찬가지다. 자신의 힘으로 이겨낼 수 없는 스트레스를 당했을 때 아이들은 불안을 경험하고, 두려워하며 이를 회피하거나 주변에 도움을 청하는 등 다른 방략을 생각할 것이다. 이것이 아이들의 생존 전략을 고안하게 만드는 역할을 하는 것이다. 불안한 감정이 아이들에게 긴장감을 제공하고, 인지적으로 생각하게 만들고, 행동하도록 만드는 역할을 하는 것이다. 이는 아동이 적절하게 긴장하여 동기 수준을 높이고 능력을 최대한 발휘하도록 한다. 또한 고통스럽고 파괴적인 상황에 노출되는 것을 막아 자신을 스스로 방어하게 만들어 적응력을 기르고 성장을 촉진시키기도 한다.

그러나 이것이 과도해진다면, 그래서 불안한 감정이 다양한 해결책을 유도하지 못하고 회피하게 하거나 지나치게 위축되게 만들어 아동의 삶에 부정적인 영향을 미친다면, 부모는 이를 극복하도록 도움을 줘야 할 것이다.

아동에 따라 불안을 느끼는 대상이 다르고 대처방법이 다르기 때문에 이를 이해하고 적합한 도움을 주는 것이 필요하다. 어떤 아동은 쥐를 무서워하고 어떤 아동은 시험기간이 되면 불안해져서 잠을 자지 못하기도 하며 또 어떤 아동은 세균에 감염되어 병에 걸릴까 봐 놀이터에 나가지 못할 수도 있다. 불안의 정도에도 차이가 있다. 어떤 아동은 특정 대상에 대해서만 불안해하기 때문에 생활전반에 그 영향이 크지 않을 수 있지만, 어떤 아동은 걱정이 너무 많고 심각해 하루하루가 조바심이 나고 조심스러울 수 있다. 불안한 아동은 다른 사람에게 피해를 주거나 자해하는 경우는 거의 없지만 실제적으로 아동 자신은 괴로움이 무척 크다. 더욱이 자신이 불안해하고 걱정하는 대상이 하찮은 것이고 자신의 성격 때문에 일어난 것이라는 점을 인식하면서 그럼에도 불구하고 스스로 조절할 수 없다고 느낀다면 아동이 느끼는 좌절과 고통은 상당하다. 불안장애를 가진 아동들은 대개 내향적인 아동이기 때문에 그들이 느끼는 내적인 괴로움은 생각보다 심각하며 우울증을 동반하는 등 스스로를 괴롭히는 양상을 보인다.

이렇듯 불안한 감정은 그 종류와 정도가 다양하지만 불안하다는 감정의 핵심은 유사하다. 그렇기에 불안을 경감시킬 수 있는 방법도 증상에 따라 약간씩 차이는 있어도 기본적인 대처방법은 유사하다. 걱정하고 불안해하는 감정을 이해해 주고 적절한 도움을 준다면 대부분의 아동은 잘 자랄 수 있다. 이 책은 불안해하는 자녀에게 어떤 방식으로 도움을 줄 수 있을지를 고민하고 있는 부모를 위해 저술한 것이다. 특히 부모가 집에서 불안해하는 아동에게 적절히 대응해 줄 수 있는 방법을 놀이와 함께 소개하려고 한다. 먼저 아동이 발달 과정에서 정상적으로 겪는 불안에 대해 알아보기로 하자.

불안과 공포는 어떻게 다른가요?

불안anxiety이란 다가올 위협에 대한 감정으로, 앞으로 다가올 사건에 대한 통제력 부족과 염려를 수반한 미래지향적인future-oriented 감정이다. 따라서 불안은 현실적인 위협이 존재하지 않더라도 빈번히 느낄 수 있다. 이에 반해 공포fear는 현재의 위협에 대한 반응으로, 현재지향적인present-oriented 감정이다. 위협 대상이 현재 존재할 때 신체는 교감신경계를 활성화시켜서 현재 상태로부터 탈출하려는 경향을 보인다. 반면 급성불안panic은 뚜렷한 위협이나 위험이 없을 때도 극심한 공포를 느끼는 것이다. 즉, 당장 두려운 대상이 없는데도 마치 바로 앞에 있는 것처럼 신체적인 공포 반응을 보이는 것이다. 급성불안의 경우 신체적 증상예를 들면, 갑작스러운 심장박동 증가, 혈압 증가, 맥박수 증가, 과도한 심호흡은 그것 자체로 위협이 될 수 있고, 때로는 더 큰 공포, 염려, 불안, 급성불안을 유도할 수 있다. 이 책에서는 이를 모두 통칭하여 '불안'이라고 할 것이다.

예를 들어 설명해 보자. 엄마와 떨어져서 학교에 가야 하는 아동의 경우 홀로 하는 등교가 두려울 수밖에 없다. 이런 경우 엄마와 헤어지기 전부터 두려워하고 긴장하며 길을 혼자 힘으로 찾아가는 것에 대해 불안해할 수 있다. 또한 학교에서 엄마 없이 지내면서 무슨 일이 일어날 것만 같아 걱정하고 불안해할 수 있다. 이런 감정은 분리불안seperation anxiety이라고 말할 수 있다. 한편 높은 곳에 가면 너무 긴장하고 공포스러워서 몸이 얼어붙어 꼼짝도 못하는 경우가 있는데, 이는 고소공포증이라고 할 수 있다. 고양이를 보면 너무 징그럽고 자신을 해칠 것 같아 두려워 머리카락이 쭈뼛 서고 가슴이 쿵쿵 뛰며 공포를 느끼는 경우도 있을 수 있다. 이런 경우는 특정 공포증specific phobia이라고 말할 수 있다. 반면 급성불안은 특별한 위험을 느끼는 대상이 없어도 갑자기 찾아오는 일종의 발작이다. 순간 땀이 나면서 몸에서 열감이 느껴지고 숨이 가빠지면서 시야가 흐려지고 주변의 소리가 잘 들리지 않으며 혈압이 오르면서 가슴이 옥죄어 금방이라도 숨이 멎을 것 같은 신체적인 증상들이 엄습하여 극심한 두려움이 느껴지는데, 이를 공황발작panic attack, 공황장애panic disorder라고 한다.

아이가 불안하다는 것을 어떻게 알 수 있나요?

부모는 자녀가 불안하다는 것을 어떻게 알 수 있을까? 불안한 아동은 어떤 모습을 보일까? 인간은 불안해지면 독특한 신체적 반응과 인지적 반응, 행동 반응을 보이게 된다. 불안한 아동의 얼굴을 떠올려 보자. 얼굴은 경직되어 있고, 사물이나 사람을 정면으로 응시하지 못하며 어깨를 움츠리고, 두 손을 맞잡고 있는 모습을 쉽게 떠올릴 수 있을 것이다. 다음은 일반적으로 불안할 때 보이는 신체적 증상과 인지적 특징, 행동적 특징을 정리한 것이다.

신체적 증상		
심장박동률 증가	입이 건조	얼굴이 붉어짐/싸늘해짐
피곤	근육 긴장	숨 쉴 수가 없음
호흡률 증가	심장 두근거림	두통
메스꺼움	얼굴 붉힘	배뇨
위장 불편	구토	호흡하기가 힘들어짐
배변	감각 마비	몽롱함
흐릿한 시야	발한	

인지적 특징		
두렵다는 생각	공허함	다친다는 생각
괴물, 야수에 대한 생각/상상	망각	위험에 대한 생각
자기-비난이나 비평	신체적 상처에 대한 생각이나	바보스럽게 보인다는 생각
무능력, 부적절하다는 사고	상상	집중 곤란
경주한다는 생각	죽음에 대한 절박한 생각	사랑하는 사람의 상처에 대한
	미쳐 가고 있다는 생각	생각
	오염에 대한 사고	

행동적 특징		
회피	움직이지 않음	떨리는 목소리
울음	초조함	비명
손톱 깨물기	손가락 빨기	경직된 자세
눈 감기	눈 맞춤 회피	꽉 다문 입
말 더듬기	신체적으로 가까이 있으려 함	하얀 손가락
떨리는 입술	일정한 중얼거림	팔, 손, 다리의 불필요한 움직
침 삼킴	안절부절	임 (산만한 행동)

○
불안의
여러 증상
(Barrios &
Hartmann,
1997에서 인용)
-아동이상심리학
에서 재인용

부모에게 야단을 맞고 있는 아이를 생각해 보자. 어깨는 굽어 있고, 고개는 처져 있으며, 눈을 감듯이 내린 시선으로 부모와 눈 맞춤을 회피하고 있다. 두 팔이 몸에 붙은 것처럼 경직되어 있고 눈동자는 멍해 보이기도 한다. 또는 고개를 들어 부모를 쳐다보고 있지만 눈을 깜박이지 못하고 마치 얼어붙은 것처럼 움직임 없이 눈물만 떨어뜨리거나 입을 벌리고 있는 경우도 있다. 어떤 아동은 오히려 딴 생각을 하는 것처럼 보인다. 그 상황에 집중하지 못하고 계속해서 몸을 꼼지락거리고 팔과 다리를 움직이는 경우도 있고 심지어 노래를 흥얼거리는 경우도 있다. 내일 볼 시험이 걱정되는 아동은 얼굴이 찌푸려지고 배가 아프며 계속해서 시험을 못 볼 것 같은 생각에 괴로워 머리가 아프고 토할 것만 같다. 이렇듯 다양한 모습으로 관찰되는 아이들의 행동의 이면에는 '불안'이 자리잡고 있다. 불안을 느끼면 인간은 신체적인 반응과 인지적인 반응, 행동적인 반응을 동시에 보인다. 자율신경계의 작용으로 교감신경계가 활성화되면서 심장박동률이 증가하고 맥박이 빨라지고 땀이 나며 호흡이 가빠진다. 인간은 불안을 느낄 때 대체로 불안의 대상을 피하고 도망가려는 회피행동을 보이지만, 그 전에 자신을 보호하기 위해 울음을 터뜨리거나 침을 삼키거나 손가락을 빨거나 비명을 지르는 등 긴장을 스스로 방출하려는 시도를 한다. 사람에 따라서는 불안을 느끼는 대상이 다르고, 그에 대한 생각도 천차만별이다. 불안을 경험할 때는 외부 세상에 대한 생각뿐 아니라 불안을 겪고 있는 자신에 대한 내적 생각도 사람마다 다르다. 예를 들어, 불안을 느끼는 자신을 무능력하거나 바보 같다고 생각하는 사람도 있고, 스스로를 비하하거나, 세상 모든 것들이 믿지 못할 것이고 불안한 것이라고 확대하여 생각하는 사람도 있다. 또한 위험하고 두려운 것은 모두 피하는 것이 합리적이라고 생각하거나 이런 생각을 하는 것 자체가 힘들고 지쳐 삶을 포기하고 싶다는 절망으로 치닫는 생각을 자동적으로 하기도 한다. 이렇듯 불안은 심리적 반응이지만 신체적 · 행동적 · 인지적인 반응을 동반한다.

정상적인 불안과 비정상적인 불안을 어떻게 구별하나요?

{ 정상적인 불안
   발달 과정에 따른 불안대상의 변화 }

불안은 사람이 태어나 아동, 청소년으로 자라면서 지속적으로 겪는 감정이다. 연령과 발달 단계에 따라 불안을 느끼는 대상은 차이가 있고 변화한다. 예를 들어, 어릴 때는 어둠을 무서워하지만 점차 연령이 증가하면서 어두운 거실에 혼자 나가서 화장실을 다녀올 수 있게 되는 것이다. 연령에 따른 일반적인 불안 · 공포 대상은 다음과 같다.

○
유아기, 아동기,
청소년기의
일반적인 공포
(Klein & Last,
1989에서 인용)

연령	공포 대상
0~6개월	지지의 상실, 큰 소음
7~12개월	낯선 사람, 갑작스러운, 뜻하지 않은, 어렴풋한 대상들
만 1세	부모로부터의 분리, 상처, 화장실 문제, 낯선 사람
만 2세	큰 소음, 동물, 어두운 방, 부모로부터의 분리, 큰 물건 또는 기계, 개인적 환경 변화

만 3세	가면, 어둠, 동물, 부모로부터의 분리
만 4세	부모로부터의 분리, 어둠, 소음
만 5세	동물, '나쁜' 사람들, 어둠, 부모로부터의 분리, 신체적 상처
만 6세	초자연적인 것(귀신, 유령, 괴물), 신체적 상처, 천둥과 번개, 어둠, 혼자 자거나 지내는 것, 부모로부터의 분리
만 7~8세	초자연적인 것, 어둠, 무당, 영매, 혼자 있는 것, 신체적 상처
만 9~12세	학교에서의 검사나 시험, 학교 성적, 신체적 손상 및 상처, 개인적 외모와 특성, 천둥번개, 죽음
청소년기	인간관계, 개인적 외모와 특성, 학교, 정치적 문제, 미래, 동물, 초자연적인 현상, 자연적인 재해

유아기, 아동기, 청소년기의 일반적인 공포 (Klein & Last, 1989에서 인용)

생후 6개월 정도가 되기 전까지는 자신을 곁에서 가장 많이, 편안하게 돌봐주는 사람에게 전적으로 의존하며 그 사람과 자신이 하나라는 느낌으로 살아간다. 그러므로 유아들은 엄마든 아빠든, 돌봐주는 유모든 그 사람이 제공하는 돌봄과 지지가 없어지는 것에 대한 심한 공포를 경험할 수 있다. 또한 유아들은 모든 사물을 감각을 통해 지각하므로 불편하거나 강도 높은 자극에 대해서는 공포반응을 나타낼 수 있다. 출생 전 태내에서 발달이 가장 잘된 감각기관은 청각기관이며, 이에 비해 시력의 발달은 생후 1년까지 점차 진행되는 과정을 밟는다. 그러므로 주변에서 일어나는 일에 대해 가장 민감한 감각이 청각이다. 아주 어린 영아기에는 주변에서 발생되는 소음, 특히 갑작스러운 큰 소음에 매우 놀라는 반응을 보일 수 있다. 큰 소리로 다투고 싸우는 소리에 놀라는 것은 물론이거니와 조용한 환경 속에서 자란 아이 역시 소음에 예민해져서 사람들이 많은 공간에 가면 잠을 못 이루고 칭얼대는 경우도 나타난다. 그러므로 편안한 분위기 속에서 적절한 소음에 노출되는 것은 세상에 적응하는 데 중요하다. 생후 7개월이 지나 자신을 돌봐주는 주요 양육자와 낯선 이를 구분할 수 있게 되면서 낯선 이에 대한 불안과 공포가 발달하게 된다. 주로 7~8개월이 될 때 영아들이 낯가림을 하고 돌봐주는 양육자로부터 떨어지지 않으려고 울거나 매달리는 모습을 볼 수 있다. 생후 1년, 돌이 지나면서는 자신을 돌봐주는 부모를 확실히 구분하게 되어 부모로부터 물리적으로 떨어지는 것에 큰 저항을 보인다. 이렇게 부모로부터 분리되는 것에 대한 공포와 두려움은 이후로도 지속되어 초등학교 입학 때까지 보이지만 점차 주변 사람들과의 애착을 형성하면서 엄마가 아닌 아빠, 부모가 아닌 다른 가족, 자주 보지 못하는 친척들, 친구들과도 좋은 관계를 형성하면서 분리불안을 극복한다. 만일 발달 과정에서 주변인들과 좋은 애착을 형성할 만한 경험이 충분치 않았거나 심리적인 외상으로 발달 과정에 어려움이 있었다면 부모가 아닌 주변인들과의 애착형성에 실패하게 된다. 그렇게 되면 항상 부모^{주로, 어머니}로부터 떨어지는 것에 극도의 공포를 표현하고, 상상만으로도 그런 일이 벌어질까 봐 늘 걱정하며, 새로운 장소나 새로운 사람들에 대해 겁을 내고 거부하는 모습을 보이는데, 이것이 바로 분리불안이다. 만 2세가 되고 말을 할 수 있게 되면서는 주변환경에서 느끼는 두려움을 말로 표현할 수 있다. 동물, 캄캄한 방이나 어둠, 위험한 환경, 물에 대한 공포가 이런 것들이다. 만 4~5세경은 머릿속에 자신의 신체에 대한 자아상이 생기는 시기이므로 자신이 신체적으로 상해를 입을 것에 대한 두려움이 많아진다. 그래서 이 시기에는 작은 상처에도 민감해하고 부모에게 필요 이상의 치료를 해 달라고 요구하기도 한다. 한편 도덕 관념과 상상력이 발달하면서 나쁜 사람들에게 나쁜 일을 당할 것에 대한 두려움이 생긴다. 추상적인 사고력이 싹을 틔우는 만 6~7세경부터는 현실적이고 구체적인 생각을 하면서 귀신이나 도깨비, 혼령, 유령, 괴물 등과 같은 초자연적이고 비현실적인 대상에 대한 불안을 느끼게 된다. 또한 기억력과 상상력이 발달하여 TV에서 보았던 장면이 떠올라 무서워하거나 겁을 내고 그림책이나 상상 속의 동물에 대해서 두려움을 나타내기도 한다.

여전히 천둥, 번개, 태풍, 지진 등과 같이 거대한 자연의 공격에 대해 실제적인 불안을 느끼기도 한다. 학령기에는 사고능력과 언어능력, 대인관계 능력이 발달하면서 점차 자신이 느끼는 불안의 대상을 구체화시킬 수 있고, 현실적인 대처능력을 개발할 수 있다.

학령기의 아동들은 특히 학교생활에 관련된 실제적이고 현실적인 불안을 표현하는데, 예를 들어 준비물을 못 챙겨 가는 것에 대한 불안, 야단맞을 것에 대한 불안, 시험에서 좋은 성적을 받지 못할 것에 대한 불안 등을 경험한다. 또한 학령 후기에는 추상적인 사고력이 발달하면서 눈에 보이지 않는 개념에 대한 이해가 가능해진다. 따라서 미래에 대한 이야기와 사후세계에 대한 이야기에 관심을 보이고 죽음에 대해 현실적인 두려움을 보이기도 한다. 청소년기가 되어도 학교생활에 대한 불안은 여전하지만 친구관계와 이성 관계에 대한 관심과 걱정이 많아지면서 집단 따돌림에 대해 상당한 불안을 느낀다. 이는 청소년기의 특징인 자아에 대한 독립심과 함께 또래집단에 대한 의존심과 소속감을 얻고자 하는 양가적인 심리에서 발생하는데, 특히 청소년기 이전 시기—영아기와 아동기—에 부모와 안정감 있는 애착을 형성하지 못한 자녀일수록 더욱 심하다. 이런 자녀는 부모에게서 받지 못한 사랑과 인정을 또래들에게 구하게 되고, 이런 노력이 성공해 또래들로부터 인정을 받으면 부모에게도 보이지 않던 순종과 충성심으로 무슨 일이든 시키는 대로 할 것만 같은 태도를 보이기도 한다. 부모 입장에서는 친구 잘못 만나서 아이를 망쳤다고 하지만 자녀는 부모에게서도 받지 못한 사랑과 신뢰를 또래에게서 받았기 때문에 그들을 무시할 수 없게 되고 전적으로 의지하는 꼴이 된 것이다. 어릴 때 부모로부터 인정받고 사랑받으며 안정적인 애착을 형성한 자녀들은 청소년기가 되어도 지나치게 또래들에게 의지하거나 또래집단의 압력에 굴하지 않고 또래들과 좋은 관계를 유지할 수 있다.

청소년기에 느끼는 불안은 이것뿐만이 아니다. 여전히 학교생활에서 오는 긴장감으로 성적과 학교 적응에 대한 걱정을 하고, 자연적인 재해에 대해서도 관심을 보인다. 점차 종교와 철학, 윤리 등 추상적인 개념들에 대한 이해와 사회적인 관심도 늘어나 사회 및 정치적인 이슈들에 대한 흥미와 불안을 경험하고, 이상적인 꿈에 대한 기대와 동경이 미래에 대한 불안으로 이어지기도 한다.

아동이 느끼는 일반적인 두려움

무력함에 대한 두려움

부모가 아동에게 무서움이 될 만한 가능성을 모두 차단시킨다고 하더라도 아이들은 스스로 두려움을 만들어 낸다. 일반적으로 두려움에 대한 공포는 자신이 통제할 힘이 없다는 무력감을 느끼거나 이와 연관된 심리적 상처를 받을 때 생기는 심리상태다. 그러나 아이들의 경우는 유령이나 귀신이 갖는 무시무시한 힘에 겁을 먹고 도망가기도 하고, 때로는 그 유령을 처치해 공포감을 극복해 가는 상반되는 자신의 모습을 그린다. 이러한 과정을 거치면서 아이들은 공포감을 극복한다. 따라서 부모는 공포감을 극복할 수 있도록 용기를 북돋아 주는 것이 필요하다. 용기는 어디에서 올까? 이것은 아이 스스로 세상에 대한 통제감을 갖고 있다고 느낄 때 생긴다. 부모의 간섭과 도움이 없이는 아무것도 못한다고 느끼는 아이, 사소한 것도 부모의 결정에 따라 시작하고 끝내는 것만을 경험한 아이는 세상에 대한 통제감, 자신감, 용기를 배울 수 없다. 부모로서는 아이들에게 무엇을 입을지, 무엇을 하고 놀지, 무엇을 먹을지에 대한 선택권을 갖게 하는 것에 인내심과 시간이 필요하지만, 아이의 입장에서 본다면 그만큼 통제감, 책임감을 키울 수 있다. 사소한 일에서부터 스스로 할 수 있음을 느끼고 행할 때 무력감에 대한 두려움, 유령과 귀신에 대한 두려움은 사라질 수 있다.

버림받는 것에 대한 두려움

동서고금을 막론하고 아이들이 〈백설공주〉나 〈신데렐라〉〈한스와 그레텔〉〈콩쥐팥쥐〉와 같은 동화에 큰 관심을 보이는 것은 왜일까? 이들의 공통점은 주인공이 부모로부터 따듯한 돌봄을 받지 못했다는 것이다. 그 의미는 무엇일까? 자신을 보호해 주고 한없이 사랑해 주는 대상이 없어지고 혼자 남겨진다는 것, 그때부터 세상이 달라지고 모든 것이 위험하고 무시무시해진다는 것, 이에 대한 공포감은 아동에게 절대적이고 공통적이다. 특히 매일의 일

상 속에서 주도권을 갖지 못하고
부모에게 야단을 맞고 통제당하
는 아이들에게 이런 두려움을 자
극하는 일들은 너무도 많을 것이
다. 그렇기 때문에 이런 동화의
주제가 오랫동안 관심을 받고 있
는 것이고, 농담으로라도 아이를
놀라게 하거나 협박의 말투로 부
모가 떠날 것이라고 말하면 기겁
을 하며 불안해하는 것이다. 그러
므로 부모는 언제나 아동과 함께
할 것이고, 힘들고 지칠 때 반드

시 보살펴 줄 것이라는 점을 인식시켜 주어야 자녀가 안정감을 가
지고 성장할 수 있다. 이것은 부부싸움, 별거, 이혼을 할 때 특히
더 염두에 두어야 하는 부분이다. 다시 말하면, 부모가 함께 살지
않고 부부의 책임을 더는 함께하지 않더라도 부모로서의 책임은
반드시 질 것이라는 믿음을 새겨 주어야 아이들이 고통을 참고 잘
성장할 수 있는 것이다.

어둠에 대한 두려움

어느 정도 나이가 되면 어둠이 그리 무섭지 않다는 것, 어두운 곳에서도 원하는 일을 할 수 있다는 것, 유령이 살지 않는다는 것을 알게 되지만 어린 아동들은 대부분 어두운 곳을 무서워한다. 그렇기 때문에 아이를 어두운 곳에 혼자 놔 두거나 어둠에 익숙해지도록 하는 것은 피해야 한다. 특히 겁쟁이로 만들지 않기 위해 혼자 있게 하거나 어두운 곳에 일부러 두는 행동은 오히려 아이를 겁에 질리게 할 수 있다. 어둠에 익숙해지게 하려면 어둠 속에서도 편안히 생활할 수 있다는 것을 보여 주는 것이 도움이 되지만, 이러한 경험도 아이가 힘들어하면 천천히 시도해야 할 것이다.

악몽에 대한 두려움

악몽이란 무의식 속의 두려움, 분노, 불안감 등 부정적이고 통제하기 어려운 감정들이 꿈으로 나타나는 것일 수도 있고, 하루 중 낮에 있었던 두려운 일이나 불안했던 일이 약간의 재료만 바뀐 채 반복되는 것일 수도 있다.

무서운 꿈 또한 아이들에게는 공포의 대상이다. 만약 아동이 자다가 깨어나서 무서운 꿈을 꾸었다며 운다면 불을 켜고 아이를 품에 안아 달래 주어야 한다. 무슨 꿈을 꾸었는지 물어보고, 가능하면 아이가 말로 설명할 수 있도록 도와준다. 두려움이란 묻어둘수

록 힘을 발휘해서 더 무서워지는 경향이 있기 때문에 아이들이 눈을 크게 뜨고 무서운 대상이 무엇인지 쳐다볼 수 있도록 도울 때 두려운 감정이 점점 줄어든다. 그리고 꿈 이야기를 다 들은 후에는 무서웠겠다며 아이를 안고 달래 준 후 그 꿈이 현실이 아님을 이해시키면서, 엄마 아빠가 옆에서 안전하게 지켜 주고 있다는 사실을 알려 주어야 한다. 아동이 다시 편안히 잠자러 갈 수 있도록 도와주고, 잠들기 전 책을 읽어 주는 것도 도움이 된다.

부부싸움에 대한 두려움
부부갈등은 아이들에게 부모가 헤어질 수 있다는 생각을 하게

한다는 점에서 두려움을 유발한다. 아동은 부모의 부부싸움에 대해 자신이 원인이라는 비합리적인 이유를 생각해 내어 자책하거나 죄책감을 느낄 수도 있다. 따라서 부부의 갈등이 아이 눈에 띄지 않도록 조심해야 한다. 만일 아이 앞에서 싸우게 되었다면 반드시 그 갈등을 해결하는 모습을 보여 줌으로써 자녀를 안정시켜야 한다.

죽음에 대한 두려움

일반적으로 아이들은 현실과 비현실을 구분하게 되면서 죽음이라는 것을 현실적으로 받아들일 수 있게 된다. 이때 현실적인 질문을 많이 할 수 있는데, 그냥 흘려 넘긴다면 더 두려워하게 만들 수 있다. 차근차근 설명한 후 아이가 걱정하지 않도록 안심시켜 주어야 한다. 만일 아이가 친한 친구나 친척, 또는 기르던 애완동물의 죽음을 접하였다면 슬픔을 함께 나누고 위로해 준다. 자신의 두려움을 드러내는 것은 부끄러운 일이 아니고, 때로 세상은 안전하지만은 않다는 사실도 이해할 수 있도록 돕는다. 이를 적절히 가르쳐 준다면 아이는 스스로의 감정을 조절할 수 있게 된다.

앞에서 설명한 바와 같은 두려움을 호소하는 경우 부모가 자녀의

두려움을 이해하고 수용하는 것만으로도 아동의 두려움은 줄어들 수 있다. 자녀의 공포심을 줄여 주는 방법은 아동의 마음속에 있는 공포심을 스스로 표현할 수 있게 하고, 아동을 다독여 줌으로써 이를 극복할 수 있는 방안을 스스로 모색하게 하는 것이다. 현실에서 일어나는 화재, 낯선 사람의 접근, 질병에 관한 것도 솔직하게 이야기함으로써 이에 대비하도록 가르쳐 주는 것이 좋다. 예를 들어, 집에 불이 날까 봐 걱정하는 아이라면 "우리 집에 불이 난다는 걸 생각만 해도 끔찍하구나. 그러나 조금만 조심하면 큰불이 나는 것을 막을 수 있어. 예를 들어, 불을 켜면 반드시 끄는 것을 확인해야 하고, 무언가 타는 냄새가 나면 꼭 엄마 아빠에게 알려 주어야 해. 만일 혼자 있을 경우에는 집 밖으로 피해야 한다." 하고 말해 준다.

비정상적인 불안
불안이 불안장애로 이어지는 경로

그렇다면 비정상적인 불안이란 무엇일까? 유사한 연령의 다른 아동들보다 더 많이, 더 자주 불안해한다고 해서 비정상적인 불안이라고 볼 수는 없다. 그보다는 아동이 자신의 불안에 대해 어떻게 느끼는가가 중요하다. 즉, 불안한 상황을 견디고, 이것을 해결할 수 있다고 느끼는 아동은 불안 그 자체의 수위가 높아도 문제되지 않는다고 볼 수 있다. 그러나 같은 연령의 다른 아동보다 더 불안해하는 것 같지는 않지만 불안한 감정 때문에 해야 할 일, 또는 하고 싶은 일을 피하거나 포기하려 한다면 이것은 비정상적인 불안이라고 할 수 있다. 이러한 행동을 회피행동이라고 하는데, 친구들과 놀러 가고 싶어 하면서도 불안감 때문에 가지 못하거나 지나치게 겁이 많아 자신이 해야 할 일을 하지 못하는 경우가 이에 해당한다. 경우에 따라서는 충격적인 사건을 경험하거나 목격함으로써 단 한번에 공포에 사로잡힐 수 있다. 또 처음에는 동일한 연령대의 아동들과 유사한 정도의 불안을 호소하다가 점점 심해져서 극심한 두려움을 보이는 경우도 있다. 그럼 어떤 과정을 거쳐 이렇듯 심한 수준의 공포와 불안을 습득하게 되는 것일까?

유치원 같은 반 친구인 채선이는 18층에 살고 있었고, 승원이는 같은 아파트 24층에 살고 있었다. 어느 날 채선이가 승원이네 집에 놀러가게 되었다. 부모가 이야기를 나누고 있는 동안 두 아이들은 집을 나와 장난을 치다가 엘리베이터가 작동되어 둘만 엘리베이터를 타고 1층으로 내려가게 되었다. 아이들은 갑작스러운 일에 공포스러워져서 큰 소리로 울음을 터뜨렸고, 엘리베이터가 24층에서 1층으로 내려가는 내내 부모는 발을 동동거리며 어쩔 줄 몰라 했다. 다행히 중간층에서 탄 어른이 아이들을 다시 24층으로 데려다 주어 큰 일은 벌어지지 않았다. 짧은 시간에 콧물과 눈물로 범벅이 된 두 아이의 얼굴은 아이들이 얼마나 공포스러워했는지를 짐작하게 했다. 그 일이 있은 후 한동안 두 아이는 엘리베이터를 타기 싫어했고, 탄 뒤에도 부모의 손이나 옷자락을 꼭 잡고 떨어지려 하지 않았다.

한 달이 지나고 나서 채선이가 승원이네 집에 놀러가게 되었는데, 채선이는 울면서 엘리베이터를 타지 않으려 했고, 승원이는 이런 채선이를 이상한 듯 바라보며 먼저 엘리베이터를 타고 있었다. 채선이만 여전히 엘리베이터를 무서워하며 매일 부모와 승강이를 하고 있었던 것이다.

학자들은 똑같이 불안한 일을 경험했더라도 승원이처럼 쉽게 잊어버리고 적응하는 아이가 있는 반면 채선이처럼 장애가 되어 힘들어지는 아이도 있다고 이야기한다. 즉, 더 쉽게 불안해하고 불안한 감정을 오랫동안 유지하며 스스로 강화시키는 성격요인이 있다는 것이다. 이렇듯 불안에 취약한 요인을 지닌 아동이 불안을 경험하게 되는 일을 겪은 후에 불안감이 사라지거나 경감되지 않고 유지, 강화되는 경우가 불안장애로 전이되는 것이다. 겁 많은 아이가 무서운 일을 겪으면 점점 더 무서워하고 불안해하면서 회피하려고 하고 위축되는 것이 비정상적인 불안으로 발전하는 모습이라는 설명이다.

이와 연관된 요인을 정리해 놓은 것이 다음의 표다. 표의 내용을 하나씩 살펴보자.

I. 선천적으로 타고난 요인

1. 유전적 요인	가족 내 불안장애의 유전
2. 기질	새로운 것에 대해 억제, 위축, 회피, 수줍어하고 겁이 많은 기질: 행동 억제
3. 정보처리방법	위협에 민감함. 세상을 위험한 것으로 보고 자신은 그것을 극복할 수 없다고 보는 관점: 주의 편파
4. 감정조절능력	생각과 의지가 불안을 조절할 수 없음
5. 애착	부모와의 불안정한 애착관계

II. 불안을 학습하게 된 경로 및 촉진요인

1. 불안을 학습-조건화	외상경험으로 공포와 불안을 학습하게 됨
2. 불안의 탈습관화	불안을 학습했던 대상에 대해 불안이 줄고 적응하게 되었던 것(습관화)이 다시 불안하게 됨. 즉, 극복했던 공포로의 복귀
3. 극복의 실패	불안한 대상에 대한 반복되고 강렬한 노출을 통해 정상적으로 공포를 극복하고 적응하는 데 실패함

III. 불안을 유지, 강화시키는 요인(불안장애로 전이될 가능성)

1. 불안유발 상황의 회피	회피가 사회적 · 인지적 무능감을 생성함(피할수록 점점 더 무서워짐)
2. 부모 및 교사의 행동	과잉보호가 불안유발 상황에서의 노출을 막음-습관화와 극복의 기회를 빼앗김
3. 부모의 양육방법	부모가 회피를 강화하고 정서적 지지를 제공하는 데 실패함(과잉보호로 회피 행동을 강화시키고, 극복하는 데 필요한 지지와 격려를 제공하지 못함)

○
정상적인 불안에서 불안장애로 전이되는 데 관련되는 요인 (발달정신병리학에서 재인용)

불안에 관련된 선천적 요인

불안에 취약한 기질과 성격요인이 있는데, 이러한 요소들은 어느 정도 유전되어 전해진다. 즉, 우울감이나 불안감 같은 부정적인 감정을 더 자주, 더 강하게 느끼는 아동이 있을 수 있는데 이런 아동을 살펴보면 대체로 그 부모나 친척들이 유사한 경향을 갖고 있음을 알 수 있다. 기질의 경우, 새로운 것에 대해 호기심을 보이거나 도전하기보다는 긴장하고 힘겨워하며 회피하려 하거나, 경직된 행동으로 억제된 모습을 보이는 아동이 있다. 이러한 경향을 '행동억제behavior inhibition'라고 하는데, 이런 기질은 대체로 타고나는 경향이 있다. 이들은 쉽게 수줍어하고 긴장하며 무서워하고 도망가려고 하는 경향이 있는데 이런 기질이 유아기뿐 아니라 아동기까지 지속되는 경우가 많다.

불안한 아동들은 세상을 믿을 만한 곳이 아니고 항상 위험이 도사리고 있는 곳이라고 지각하는 경우가 많다. 이렇게 잠재적인 위험에 예민한 아이들은 모호한 자극을 접했을 때 이를 위협적인 것으로 해석해 버리는 실수를 한다. 예를 들어, 집안 창틀에서 나는 소리를 도둑이 문을 열고 들어오는 소리로 해석하는 것이다. 이에 더해 불안한 일이나 대상에 대해 자신은 대응할 수 없을 정도로 무능하고 힘이 없는 존재라고 인식하는 경우가 많다. 이렇듯 외부 세상에 대한 인식과 정보처리가 왜곡되어 있고 편파적이어서 인지적 오류를 범하게 되는 것이다.

불안에 취약한 아동은 외부의 위험에 대해 스스로 통제할 수 없다고 생각하지만 이와 함께 자신의 불안한 감정이나 행동 역시 자신의 힘으로 조절할 수 없다고 느끼기도 한다. 이를 '공포에 대한 공포fear of fear'라고 하는데, 이러한 감정조절의 실패는 불안이라는 감정과 불안을 자극하는 외부 자극에 대해 더욱 과민해지는 악순환을 반복하게 만든다.

애착은 유아와 부모 간에 형성되는 긍정적인 감정을 말한다. 대체로 많은 부모와 아기들이 안정적이고 긍정적인 애착을 형성하지만, 민감하지 않은 양육으로 말미암아 불안정한 애착을 형성하는 경우도 있다. 생의 초기에 맺은 부모와의 관계는 이후의 발달에서 대인관계에 영향을 준다. 따라서 불안정한 애착을 맺은 아동은 태어나서 처음으로 맺은 관계가 불안정하고 믿을 수 없게 되는 것이므로 발달하면서 세상은 믿을 수 없고 불안정한 곳이라는 인상을 갖고 관계를 맺어 간다. 이는 대인관계뿐 아니라 세상과 사건들, 사물에 대한 인식에도 영향을 미치게 된다. 그러므로 환경을 탐색하고 새로운 친구를 사귀는 데도 호기심을 보이기보다 두려워하고 수줍어하며, 부정적인 경험에 대해 민감해 과도한 상처를 받고 쉽게 위축되는 것이다.

불안을 학습하게 되는 경로

심리학에서는 불안을 학습하는 것에 대해 조건화conditioning의 원리를 이용해 설명한다. 즉, 어떤 대상에 대해 불안하게 된 것은 대상이라는 중성적인 자극과 불안이 연합시간적으로 함께 경험되는 사건들된 것을 반복적으로 경험했기 때문이라는 것이다. 예를 들어, 개를 보고 무서워하는 아동은 개와 두려움, 불안감이 연합된 경험을 많이 했던 아동인 데 반해, 개를 보고 반가워하는 아동은 개와 함께 즐거운 경험을 많이 한 아동이라는 것이다. 불안감은 여러 차례의 반복적인 경험을 통해 학습되지만 때에 따라서는 한두 번의 강렬한 경험으로도 학습할 수 있다. 개를 보지 못하고 자랐지만 개에게 물린 한 번의 경험으로도 개에 대해 강한 두려움을 가질 수 있다. 하지만 개에게 물렸다고 모든 사람이 불안장애를 겪는 것은 아니다. 어릴 때부터 개와 함께 자라온 사람은 개가 물었다고 해서 개에 대해 단번에 불안감을 느끼지는 않을 것이다. 또 심하게 물렸다고 해도 개가 문 것에 대한 두려움을 느낄 수는 있지만 차츰 두려움이 줄어들 것이고, 예전처럼 친근한 감정을 회복할 수 있다. 이렇듯 불안한 경험을 했다고 모든 아동들이 유사한 정도의 불안감을 느끼는 것은 아니다.

엘리베이터에 갇혔던 승원이와 채선이의 예를 들어 보자. 두 아동은 같은 경험을 했고, 당시에 심한 공포감을 느꼈다. 그 사건 이후로도 둘은 같은 아파트에 살았기 때문에 매일 엘리베이터를 타야 했다. 승원이는 엘리베이터를 매일 타면서 불안감을 떨쳐 버릴 수 있었지만, 채선이는 오히려 공포감으로 매일 어려움을 겪고 있었다. 승원이는 안전한 엘리베이터에 대한 지속적인 경험으로 공포감을 극복했는데, 이를 심리학에서는 습관화habitualization라고 한다. 즉, 자극이 더 이상 새롭지 않게 되고 그것을 습관적으로 경험하면서 불안의 강도가 줄어들고 끝내 적응하는 것이다. 우리는 대부분 습관화를 통해 부정적인 감정을 극복하고 적응하게 된다. 그러나 새로운 경험을 통해 극복된 불안감이 되살아나는 경우가 생길 수 있다. 이를 공포의 탈습관화dishabituation of mastered fears라고 한다. 예를 들어, 부모가 좋은 건강상태에 있을 때 잘 극복된 유아의 분리불안이 가족 중에 누가 아프게 되거나 새 집이나 새 학교로 전학을 가게 된 후 재발하는 경우를 볼 수 있다.

이번엔 채선이의 경우를 살펴보자. 채선이 엄마는 승원이를 보면서 딸아이가 너무 답답하고 한심하다. 엘리베이터 사건 이후 승원이는 며칠이 지나면서 별 탈 없이 엘리베이터를 타고 다니고 다시 활발해졌기 때문이다. 채선이는 그 일 이후 엘리베이터는커녕 집 밖에도 혼자 나가지 않으려고 하고, 엄마가 쓰레기를 버리러 잠시 다녀오려고 해도 혼자 남겨질 것을 불안해하며 어쩔 줄을 몰라 했다. 이렇듯 쉽게 불안감을 극복하지 못하고 불안한 대상이 점점 더 많아지면서 힘들어지는 아동이 있다. 시간이 약이라고 시간이 지나면서 자연스럽게 기억이 사라지고, 불안감도 옅어지고, 동일한 자극에 반복적으로 노출되면서 더 이상 불안해하지 않아도 된다는 것을 배우는 것이 자연스러운 과정인데, 이런 친구들은 오히려 불안이 광범위한 대상에게로 옮겨 갈 수 있다. 이런 기질의 아동을 심리학에서는 '저조한 학습자poor habitualers'라고 한다. 이러한 아동의 경우 쉽게 불안을 배우지만 극복하기는 어려워하는 패턴을 보여 불안장애로 이어지는 일이 많다.

채선이와 승원이의 차이를 아이들의 탓이라고만 할 수는 없다. 사실 승원이 엄마는 당시에도 내려가는 엘리베이터에 대고 큰 소리로 "승원아, 괜찮아. 가만히 있으면 올라올 거야."라고 말하며 당황하지 않으려 했고, 관리실에 전화를 했다. 반면 채선이 엄마는 발을 동동 구르고 소리를 지르면서 흥분해 24층에서 계단으로 뛰어 내려갔다. 아이들을 본 후의 반응도 달랐다. 승원이 엄마는 놀란 표정이었으나 아이의 감정을 먼저 살피려고 했고, 채선이 엄마는 채선이의 반응과 다름없이 눈물과 콧물이 범벅이된 얼굴로 울고 있었다. 사고 이후에도 두 엄마의 반응은 차이가 있었다. 승원이 엄마는 승원이를 잘 살피면서도 지나치게 아이를 보호하거나 엘리베이터 타는 것에 대해 과민한 반응을 보이지 않으려고 애썼다. 승원이가 힘들어하는 모습을 보면 보듬어 주고 기분이 어떤지

물어보기는 했지만 엘리베이터를 타는 것에 대해 전과 달리 앞서서 더 조심시키거나 불안해하지 않았다. 이제 혼자 엘리베이터를 타면 그런 일이 있을 수 있다는 것을 배우게 되었고, 그렇게 되었을 때 어떻게 하면 되는지를 승원이에게 정확히 알려 주었다. 반면 채선이 엄마는 한동안 채선이가 문을 열고 복도로 나가는 것조차 단속하면서 문 열리는 소리만 나면 "채선아! 어디 가?" 하며 후다닥 뛰어나왔고, 엘리베이터를 탈 때도 자신이 먼저 타고 나서 안전한지 확인한 후에야 아이가 타게 했다. 자, 이제 두 아이들의 반응이 왜 차이가 날 수밖에 없는지 이해가 될 것이다. 채선이가 '저조한 학습자'가 되어 불안한 경험을 쉽게 떨쳐 버리지 못했던 데에는 채선이 엄마의 행동도 큰 역할을 하고 있었던 것이다. 즉, 채선이 엄마의 반응은 채선이가 불안을 극복할 기회를 가로막고 있었다. 채선이 엄마는 채선이가 공포를 유발할 상황에 다시는 노출되지 않도록 조심시키는 것에만 주력을 했다. 이런 반응은 아이가 건설적인 방법으로 스스로 불안을 다루는 기회를 막는다. 이는 부모 자신이 불안을 극복하지 못해서일 가능성이 많다. 이 경우 아동은 부모를 보면서 더 큰 공포를 배우고, 세상이 정말 불안하고 위협적인 곳이라는 인식을 확신하게 된다. 즉, 아동은 부모의 태도와 감정을 그대로 모방하게 되고, 부모는 아동의 조심하는 행동과 회피를 강화시키면서 점점 더 겁이 많은 아이로 만드는 것이다.

불안이 장애로 이어지는 경로

불안이 없어지지 않고 일상에 지장을 줄 정도의 장애로 이어지는 경우는 아이의 역할과 함께 부모의 역할이 모두 중요하다.

아이의 역할을 먼저 살펴보자. 가장 두드러지는 것으로는 불안을 극복하기보다는 회피하는 경향을 들 수 있다. 겁나고 두려운 것을 회피하면 일단 불안이 줄어든다. 그렇게 되면 회피하는 행동은 불안을 감소시켰기 때문에 점점 더 강화되어 더 회피하게 만든다. 처음의 불안감이 사소한 것이었다고 하더라도 피하면 피할수록 두려움이 커지고, 피하는 것에 대한 열망도 더 커지게 된다. 수줍어하는 아이가 학교에서 친구들과 어울리는 것이 불편해서 휴식시간에 교실에 있지 않고 화장실로 피하면 일시적으로는 안도감을 느낄 수 있다. 그러나 휴식시간만 되면 피하는 행동은 점점 더 많아지게 되고, 친구들을 사귈 수 있는 기회도 함께 잃게 된다. 또한 친구들과 어울리는 것이 진짜 힘들고 불안한 것인지, 아이가 느끼는 두려움이 정말 그렇게 큰 것인지에 대해 확인해 볼 기회조차 잃는 것이다. 나중에는 왜 피하는지, 피해야 할 정도의 두려움인지도 모르고 자동적으로 쉬는 시간이 되면 화장실로 피하게 된다. 이렇듯 회피하는 행동은 불안을 강화하고, 불안의 덫에서 맴돌게 만드는 주범이 된다. 회피하는 행동은 특히 아동에게 다음의 두 가지 좋지 않은 결과를 가져온다. 첫째, 아동들의 습관적인 회피는 학습의 기회와 사회적 관계에서 다양한 기회를 빼앗는 결과를 가져온다. 아동기의 회피행동이 또래 거부나 따돌림, 학습부진, 학교 적응의 어려움으로 연결되고, 이는 다시 청소년기의 외로움이나 우울로 연결되기 때문이다. 둘째, 회피행동은 인지적 무능감 또는 왜곡을 초래해서 불안이 유지되도록 하고 자신감을 떨어뜨린다. 즉, 자신이 계속 회피하고 도망가는 것은 능력과 자신감이 없기 때문이라고 생각하고, 외부 자극에 대해 점점 더 위협적으로 해석하는 오류를 범하게 된다. 결국 이런 생각 속에 고립된 아동은 회피행동을 함으로써 자신의 무능을 증가시키고 도전과 새로운 경험에서 점점 더 멀어지게 하는 식의 악순환을 지속한다.

　부모의 역할을 살펴보자. 채선이 엄마의 경우 아이의 불안에 대해 지나친 반응을 보임으로써 불안을 강화시킨 격이 되었다. 즉, 아이에게 불안해할 것을 기억하게 하고 항시 불안에 대처할 준비를 하게 하고 불안을 느낄 만한 자극이라고 판단되면 노출되지 않도록 조심하고 회피하게 했는데, 이것이 오히려 과잉보호가 될 수도 있다는 것이다. 친구들의 생일 파티에 가기 싫어하는 자녀를 걱정하면서도 자녀가 싫다고 하면 무조건 갈 필요는 없다고 말하는 부모가 이런 경우에 해당한다. 부모는 아이가 무엇이 두려운지, 원하는 것이 무엇인지, 그 두려움을 극복하기 위해 어떻게 할 수 있는지, 자신이 도울 것이 있는지 등에 대해 이야기를 나누는 것이 필요하다. 이처럼 여러 가지를 함께 알아보는 대화를 통해 자신의 마음을 이해하고 불안을 극복할 수 있는 힘이 자신에게 있다는 것을 일깨워 주면 아이는 쉽게 회피하지 않는다. 불안이나 두려움을 느끼는 것은 비정상이 아니다. 다만 불안을 비정상적으로 대할 때 비정상이 되는 것이다.

　그렇다고 불안하다는 아이에게 과잉보호를 하지 않기 위해 모른 척하거나 "뭐가 불안하니?" "다 그런 거야."라며 적절한 정서적 지지를 해 주지 않는다면 어떻게 될까? 결론부터 말하자면 이 또한 아이의 불안을 잠재우기보다는 더 큰 불안을 만들어 내는 결과를 초래한다. 예를 들어, 수줍어하는 아이를 보고 "다 큰 애가 겁이 너무 많네." "자꾸 해 보면 괜찮아질 거야. 자, 해 봐."라고 공포를 유발하는 상황에 강압적으로 밀어 넣는다면 아이는 더 심한 공포와 회피반응을 보일 것이다. 준비되지 않은 상태에서 아이의 감정을 무시한 반응은 아이에게는 더욱 공포스러운 상황이 되기 때문이다. 아이는 점점 더 약한 모습을 보이며 자신의 무능함을 입증시키려 할 것이고, 자신의 감정을 인정하지 않는 부모에게도 무기력한 반응을 보일 수 있다. 이렇게 되면 불안의 대상이 처음에 불안을 느꼈던 대상에만 한정되지 않고 더 광범위해지며, 아이는 일상에서도 회피적이고 예민하며 위축되는 방향으로 변화될 것이다.

불안장애의 유형은 어떤 것이 있나요?

불안장애라고 이름을 붙이려면 불안한 감정과 함께 자신의 생각에도 불안감이 이성적이거나 합리적이지 않다는 인식이 있어야 한다. 즉, 스스로도 좀 이상하다고 느끼는 면이 있어야 한다는 것이다. 또한 불안 때문에 그 대상이 연관된 장면이나 기회를 포기하거나 피하려고 하는 회피행동이 함께 나타나야 한다. 불안장애를 겪는 아동들의 약 1/3이 최소한 두 가지의 불안장애 증상을 함께 가지는 경우가 많다고 한다. 분리불안은 성인이 되어 사회불안으로 이어지는 경우가 있기는 하지만, 아동기의 불안장애가 반드시 성인기의 정신과적인 장애로 이어지는 것은 아니다.

특정 공포증

특정 공포증은 특정한 대상에 대해 비정상적인 불안과 공포를 보이며 회피하는 특징을 보인다. 보통 7~8세경에 이러한 불안이 나타나 10세경에 사라지는 것이 정상적인 공포반응인 데 비해, 안정적으로 지속될 때 공포증으로 진단 내릴 수 있다. 공포의 대상은 주사나 시험 등 일반적인 것에서부터 비행기나 기차를 타는 것 등 좀 더 일반적이지 않은 것까지 매우 다양하다. 동물이나 곤충, 자연환경목록, 높은 곳, 어두움, 물 등, 혈액이나 상처를 보는 것, 주사를 맞거나 X-ray 촬영을 하는 것, 대중교통을 이용하거나 터널·다리·엘리베이터, 비행기를 이용하는 것, 창문이 없거나 폐쇄된 곳을 극도로 두려워하는 것, 큰 소리나 날카로운 소리예를 들어, 치과 치료 시 나는 소리, 천둥소리, 질식이나 구토 등 질병을 유발할 수 있는 상황에 대한 공포에 따른 회피, 전설적인 인물에 대한 두려움드라큘라, 흡혈귀, 강시, 달걀귀신 등 등이 있을 수 있다.

특정 공포증은 한두 가지 대상에 대한 공포이므로, 일상생활에

큰 지장을 주지 않고도 회피할 수 있다. 예를 들어, 곤충에 대한 공포증이 있는 경우는 곤충이 많은 산에 가지 않거나 시골 친척집에 가지 않을 수 있다. 또한 이런 경우 아동을 곤충이 많은 곳으로 데려가지 않거나 집안에서도 곤충을 잡기 위해 방역에 힘쓴다면 문제되지 않을 수도 있다. 그러나 상황을 바꾸거나 회피할 수 없는 경우에 아동은 이 상황을 탈출하려고 몸부림을 치며 심하게 반항하거나 공격적인 모습을 보일 수 있다. 예를 들어, 주사를 맞는 상황에서 소리를 지르며 도망간다거나 주사를 든 의료진을 발로 차거나 물건을 던지는 등의 행동을 보일 수도 있다. 심하면 기절을 하는 경우도 있다.

{ 분리불안 }

초등학교 1학년인 영채는 등교 준비를 하는 아침이 하루 중 제일 힘들다. 맞벌이하는 엄마는 영채가 씩씩하게 학교에 가 주기를 바라지만 영채는 일어나는 것부터 힘들어 해 시간이 오래 걸린다. 옷을 입고 밥을 먹으면서도 영채는 엄마 곁을 졸졸 따라 다니며 오늘은 학교에서 몇 시에 끝나는지, 학교 끝나면 뭘 해야 하는지 등 하루 일과에 대해 끊임없이 질문하며 걱정스러운 표정을 짓는다. 그러다가 학교에 갈 시간이 되면 학교에 가다가 길을 잃으면 어떻게 해야 할지, 엄마가 집에 없으면 어떻게 해야 할지, 나쁜 사람이 자신을 유괴해 가면 어떻게 해야 할지 물으며 눈시울을 붉힌다. 영채는 엄마 손에 이끌려 학교에 들어서지만 엄마 역시 이렇게 마음이 약한 영채가 하루를 잘 보내고 돌아올지 걱정이 많다.

분리불안은 주된 애착 대상대부분 부모과 분리될 때 심한 불안과 공포를 경험하며, 그 상상만으로도 심한 불안을 느끼는 경우를 말한다. 이 아동들은 부모에게 과도하게 의존적이고 부모가 사라지는 것이나 자신이 혼자 남겨지는 것에 대한 두려움에 사로잡혀 부모와 떨어지지 못하고 매달리는 행동을 보인다. 실제적이지 않은 상상으로도 불안을 심하게 느끼고 늘 걱정을 하며, 걱정하는 일이 벌어질 것에 대해 항상 노심초사하기도 한다. 남아보다는 여아에게

더 흔한데 그중 절반 정도만 발달 과정에서 회복하고 나머지 반은
강박장애나 선택적 함구증, 학교 거부증과 같은 다른 불안장애를
수반하게 된다.

선택적 함구증

현아는 초등학교 1학년이다. 부모는 아이가 본래 말이 없고 수줍어해서 학교에 입학한 후 담임선생님이 현아가 말이 너무 없다는 이야기를 해도 크게 신경을 쓰지 않았다. 그러나 학기 초가 한참 지났는데도 친구들이나 선생님과 전혀 말을 하지 않고 눈만 깜박이며 마치 인형처럼 행동하는 현아를 보면서 부모는 이제 걱정이 크다. 집에서는 조잘조잘 말을 잘하고 오히려 엄마를 따라다니며 귀찮게 이것저것 참견하는 모습을 보이는 현아를 부모는 이해할 수 없다. 현아를 야단쳐 보기도 하고, 달래 보기도 했지만 현아는 여전히 전혀 말을 하지 않고 긴장된 표정으로 학교를 다니고 있다.

현아처럼 상황에 따라 말을 하지 않고 긴장된 표정을 보이며 억제된 행동으로 반응하다가도 또 다른 상황에서는 정상적으로 말을 하며 반응하는 경우를 선택적 함묵증이라고 한다. 언어 발달이나 다른 인지적·신체적 발달이 모두 정상인데도 상황에 따라서 매우 긴장하면서 말을 하지 않고 경직된 행동으로 수동적으로만 반응하는 경우가 해당된다. 이 또한 여아가 남아보다 많으며 발달하면서 사라지기도 하지만 대체적으로 사회공포증으로 이어지거나 회피성 인격장애로 이어져 제한된 사회생활을 하게 되기도 한다.

일반화된 불안장애

일반화된 불안장애는 대체로 '걱정이 많은 성격'으로 이야기되기도 한다. 일상의 여러 가지 사소한 일에 대해 지나치게 걱정과 염려가 많고 불안해하는 양상을 보인다. 불안의 대상은 한정되어 있지 않고, 날씨나 건강, 학업, 친구, 운동경기 결과, 뉴스, 사고, 심지어 집안의 안전이나 새로운 곳으로의 여행 등 일상의 모든 것이 될 수 있다. 특히 새로운 상황이나 대상에 대한 걱정이 많은 편인데, 아동은 부모에게 같은 질문을 반복하면서 안도감을 얻으려 한다. 또한 TV 뉴스나 친구들이 말해 준 무서운 이야기를 듣고 온 후에 며칠씩이나 걱정을 하고 기억을 떠올리는 경우를 쉽게 볼 수 있다.

사회불안

사람들 앞에 서는 것을 지나치게 수줍어하는 성향이 있었던 아동들이 나중에 사회적 불안 증상으로 발달되는 경우가 많다. 이런 아동들은 새로운 사람들을 만나거나 많은 사람들 앞에서 관심의 대상이 되는 상황을 무척 두려워하고 걱정한다. 이들은 사람들이 자신을 좋아하지 않을 것이고, 자신이 잘 해내지 못할 것이라는 생

각을 갖고 있다. 그래서 사람이 많은 곳은 피하게 되고, 전화를 하거나 편지를 쓰거나 모임이나 파티에 초대되어 가는 것뿐 아니라 수업 시간에 일어나서 대답을 하거나 친구들과 달리 눈에 띄는 옷을 입는 것을 거부하기도 한다. 대체로 학교에서 발표하기를 매우 싫어하고, 팀으로 작업하는 성격의 일에 대해 심한 부담감을 느끼며, 학교에서 급식을 먹는 일이나 대중교통을 이용하는 일을 힘들어할 수도 있다.

　　5학년인 형석이는 집안의 잔소리꾼이다. 본래 깔끔하고 정리정돈하기 좋아하는 성격은 익히 알고 있었지만, 칫솔과 치약을 제자리에 놓고 수건도 수건걸이에 반드시 걸어 놓아야 하고 욕실에는 물기가 없어야 한다는 자신만의 법칙을 가족에게 강요하여 가족들과 늘 마찰이 있다. 형석이가 욕실에 들어가려 하면 가족들은 모두 긴장한다. 형석이가 씻기를 시작하면 1~2시간은 보통이기 때문이다. 형석이는 씻는 순서도 정해 놓고 그 순서에 맞게 샤워를 하고 머리를 감는데, 만약 그것을 어겼을 경우는 처음부터 다시 씻기 때문에 늘 시간이 오래 걸렸다. 이렇게 깔끔한 체하는 형석이에게 왜 그러는지를 물으면 자신도 싫지만 꼭 그래야 한다는 말만 반복했다. 이제 형석이네 가족은 화장실이 두 개 딸린 집으로 이사 가는 것이 서로를 위해 필요하다는 생각을 할 정도다.

　　형석이처럼 특정 행동이나 생각을 반복하는 경우는 강박행동일 가능성이 있다. 이 아동의 마음속에는 끊임없이 반복되는 특별한 생각이나 걱정이 있다. 형석이는 깨끗이 씻지 않으면 세균에 감염될 것에 대한 불안감 때문에 깔끔하게 씻는다고 했다. 세균에 감염되어 큰 병에 걸릴 것에 대한 두려움이 형석이가 지나치게 청결에 신경을 쓰게 만드는 원인이 되었던 것이다. 형석이는 그런 생각을 하는 자신이 우습지만 자꾸만 떠올라서 이상해 보여도 열심히 씻는 것이 마음이 편해지기 때문에 계속 씻게 된다고 말했다. 이렇듯 강박장애 아동들은 자신의 생각이나 행동이 과도하고 합리적이지 않다는 것을 어느 정도 인식하고 있다. 하지만 이런 강박적 사고나 불안을 조절하지 못하기 때문에 행동으로 막아 보려는 나름대로의 노력이 강박행동으로 나타나는 것이다.

강박장애의 대표적인 행동으로는 손을 씻는 행동이나 과도하게 청소하는 행동, 정리정돈하는 행동, 반복해서 점검하고 확인하는 행동, 의미없고 단순한 행동의 반복, 쓸모없는 물건을 계속 사 모으는 행동, 조용히 기도하거나 숫자를 세거나 단어나 문구를 읊조리는 행동 등이 있다. 하지만 이런 강박행동 없이 순수하게 강박적인 생각만 반복적으로 하는 경우도 있다.

공황장애

열다섯 살인 재인이는 친구들과 영화관에서 영화를 보는 중간에 갑자기 숨이 가빠지면서 숨이 막혀 죽을 것 같은 느낌을 받았다. 등줄기에서 땀이 흐르고 심장소리가 빨라지면서 머리가 어지럽고 기절할 것 같은 극심한 두려움 때문에 자리에서 일어나 밖으로 나왔고 깜짝 놀란 친구들은 재인이를 응급실로 데리고 갔다. 여러 가지 의학적 검사를 했지만 이상 소견은 발견되지 않았다. 이 일이 있은 후 재인이는 다시는 영화관에 가지 않았고, 영화관처럼 큰 소리가 나거나 어두컴컴한 장소에만 가면 비슷한 느낌을 받는 것 같아 아예 가지 않았다. 그렇게 조심했지만 재인이는 가끔 이유 없이 영화관에서 느꼈던 증상들을 갑자기 경험하는 일이 생겼다. 재인이는 언제 어디서 그런 증상이 일어나는지 민감해졌고, 더욱더 조심하며 피하는 일이 많아지고 있다.

공황장애는 갑작스럽게 심장박동이 빨라지고 땀이 나며 현기증과 어지러움이 수반되고 숨이 막혀 죽을 것 같은 느낌을 경험하는 것으로, 이런 증상을 공황발작이라고 한다. 공황발작은 심장장애와는 무관한 것이지만 증상을 겪는 많은 사람들은 심장병이라고 오인할 정도로 심장발작과 유사한 모습을 보인다. 공황발작은 5분에서 15분을 넘지 않지만 갑작스럽게 경험되는 증상의 강도가 무척 세고 예측하기가 어려워서, 이를 경험한 사람은 발작에 대한 공포를 갖게 된다. 따라서 다시 발작을 겪지 않으려고 스스로 조심하는 행동이 생겨나는데, 그것이 발작을 유발한다고 짐작되는 상황에 예민해지고 회피하는 행동이다. 아동기에는 많지 않고 대체로 청소년기와 청년기에 유발되며, 성장하면서 광장공포증을 수반한 공황장애로 발전해 나갈 가능성이 있다.

외상후스트레스장애

초등학교 3학년인 현상이는 얼마 전 학교 앞에서 길을 건너다 자동차에 부딪히는 사고를 당했다. 다행히 어린이보호구역이어서 운전자가 속도를 줄이고 운행 중이었지만 친구들과 이야기를 하면서 걸어가던 현상이는 크게 놀라고 말았다. 며칠 입원을 하기는 했지만 몸은 크게 다치지 않았고 학교에도 다닐 수 있었다. 하지만 현상이는 그 후부터 아버지가 운전하는 차도 타지 않으려 했고, 차만 보면 겁을 먹고 멈춰서 움직이지 못하는 일도 있었다. 무엇보다 학교 앞 건널목을 혼자 건너지 못해 항상 어른들이 등하굣길을 함께해야 했다. 이뿐 아니라 전에는 얌전하고 듬직한 형이었던 현상이는 집에서도 짜증을 내고 화를 잘 내며 동생에게 공격적으로 대하는 일이 많아졌다. 밤이면 잠을 잘 못 자고 잠을 자도 악몽을 꾸고 울면서 깨는 일이 많아져 부모님은 현상이의 재입원을 고려하고 있다.

현상이처럼 정서적으로 큰 위협이 될 만한 사건—충격적인 사건이나 자연재해, 성적 학대, 신체적 학대 등—을 겪은 후 불안감이 사라지지 않고 불안과 회피행동, 과도하게 놀라는 행동과 불안정감을 보이는 증상을 외상후스트레스장애라고 한다. 대체로 사고 이후 2주 정도 불안감이 지속되는 것은 일반적이지만, 한 달 이후에도 이런 반응이 지속되거나 더 심해진다면 적극적인 도움이 필요하다.

Part 2

불안한 우리 아이
어떻게 도울 수 있나요?

불안한 아이를 다루는 좋지 않은 방법

긍정적인 방법에 대한 이야기

더 하고 싶은 이야기

불안한 아이를 다루는 좋지 않은 방법

[부정하기]

아이가 겁내고 불안해할 때 부모들은 대개 "뭐가 무서워? 하나도 겁낼 것 없어. 아무것도 아니야." "귀신이 어딨어? 그런 건 세상에 없어." "이런 건 무서운 게 아니야." 이런 식으로 아이가 느끼는 감정을 부정하면서 아이를 위로하려 한다. 이런 반응이 일시적으로 효과가 있을지는 모르지만 이것은 아이가 자신이 느낀 감정에 확신을 갖지 못하게 하고, 부정적인 감정은 직접적으로 표현하는 것이 올바르지 않다는 인식을 심어 줄 수 있다. 아동은 자기가 느끼는 불안, 두려움에 대해 확신 없이 머뭇거리거나 스스로 이런 감정을 부정하고 무시하려는 태도를 배우게 된다. 인간의 마음은 부정, 억압, 무시를 받으면 무의식의 창고에 그것을 가두고 쌓아 두는데, 이는 감정을 사라지게 하는 것이 아니라 그것이 이름 모를 괴물이 되어 자신을 더 위협하게 만드는 일이다. 즉, 부정하고 억제할수록 더욱더 무섭고 두려워지는 것이다.

대부분의 심리치료에서 목표로 삼는 것 중 하나가 자신이 느끼는 감정을 제대로 인식하고 이를 수용하는 것이다. 이렇게 되어야

만 어려움의 근원을 알고 안정을 찾게 되고, 그런 후에야 비로소 문제를 해결하기 위한 사고력이 발휘될 수 있기 때문이다. 안개 속에서 길을 헤매고 있을 때는 누구나 불안해하고 당황하며, 이것이 심해지면 정신을 잃을 수도 있다. 자신이 지금 있는 곳이 정확히 어디인지를 안다면 불안은 줄어들고 길을 찾기 위해 그다음에 해야 할 일에 대해 합리적으로 모색해 볼 수 있는 것이다. 그러므로 아동이 스스로의 감정에 대해 인식하고 주변 어른들에게 있는 그대로 수용받고 이해받는다는 것은 그 자체만으로도 매우 중요한 의미를 지닌다. 즉, "많이 무서웠구나." "겁이 나는구나."라고 현재 아동이 느끼는 감정을 정확한 단어로 명명해 주는 것만으로도 충분히 의미가 있다는 것이다. 여기에 더해 불안한 감정의 대상이나 이유를 짧게 덧붙여서 반영해 준다면 더없이 좋다. 예를 들어, "혼자 있어서 불안했구나." "길을 잃을 줄 알고 두려웠구나." "깜깜해서 무서웠구나."라는 말이 그것이다. 해결책을 제안하는 것은 그다음의 일이다.

{ 안심시키기와 지나치게 도와주기 }
과잉보호

아들 둘을 두고 막내딸을 얻은 철수 씨는 딸 성은이를 금지옥엽으로 키웠다. 아들들과는 달리 한없이 약하고 귀염기만 한 딸을 위험한 세상에 혼자 둘 수가 없어 철수 씨는 항상 성은이를 데리고 다녔다. 열 살이 될 때까지 성은이는 한 번도 부모를 떠나 다른 사람들과 함께 있지 않았고, 캠프도 가지 않았다. 물론 성은이도 겁이 많고 소심해 새로운 것에 익숙하지 않았고 조심스러웠는데 날이 갈수록 이런 모습은 더욱 심해지는 것 같았다. 학교에서도 쉬는 시간마다 아빠에게 전화를 걸었고, 친구들과 슈퍼에 가서 과자나 껌을 살 때도 아빠의 허락이 필요했으며 등하굣길에도 성은이 혼자 가는 일은 있을 수 없었다. 이제 초등학교 6학년이 되었지만 친구들은 성은이를 여섯 살 꼬맹이라고 부르면서 놀리고, 성은이는 점점 더 소극적이 되고 위축되어 사소한 일에도 잘 울고 겁을 내며 혼자가 되어 가는 것 같다.

아이가 겁을 내고 불안해하면 많은 부모가 바로 달려가 아이를 안아서 달래 주고, 아이가 두려워하는 것으로부터 아이를 구하려고 할 것이다. 물론 아이가 세네 살 미만의 유아라면 이런 모습이

정상적이다. 그러나 초등학생이 이런 모습을 보인다면 우리는 아마 눈살을 찌푸릴지도 모른다. 아이들의 입장은 어떨까? 자기가 무언가 겁나고 두려운 표정으로 아빠를 부를 때 아빠가 언제나 달려와 슈퍼맨처럼 자기를 안아 보호해 주고 두려운 대상을 해결해 준다면 어떨까? 아마 자신의 이런 반응이 효과적이었음을 알고 안도할 것이다. 조금 더 똑똑한 아동이라면 유사한 상황에서 더 많이 두려워하고 위축되는 모습을 보여야 슈퍼맨이 더 빨리 자신을 구해 준다는 사실을 배울지도 모른다. 이것은 아동이 영악해서가 아니라 생존을 위해, 두려워하는 것이 문제해결에 효과적이라는 법칙을 배운 것뿐이다. 이 상황에서 아이가 할 수 있는 것은 두려워하고 위축되고 겁을 내는 일뿐이다. 이런 행동이 부모의 관심과 적극적인 도움, 보호행동을 유발하면 아동은 이런 방법을 포기하지 않고 더욱더 부여잡고 고집하게 된다. 즉, '두려워하기 → 부모의 관심과 보호행동의 획득 → 더욱 두려워하기'의 패턴이 반복되기 시작한다. 이것은 부모의 과잉보호를 유발할 뿐 아니라 아동이 스스로 경험하고 해결해야 하는 여러 과제를 회피하게 만들고, 책임을 면하게 하는 효과를 발휘한다. 또한 자신은 문제를 해결할 필요도, 능력도 없다고 스스로를 지각하게 되어 점점 더 허약하고 의존적인 자아상self-image을 만들어 내게 한다.

화내고 위협하고 비난하기

초등학교 5학년인 정민이는 덩치가 크고 잘생긴 남자아이다. 그러나 생긴 모습과는 달리 정민이는 겁이 많고 소심해 징징 우는 소리를 자주 했다. 그럴 때마다 엄마는 정민이를 위로하고 격려해 주었지만 사실 마음속으로는 다 큰 남자아이가 겁을 내며 눈을 동그랗게 뜨고 얼어붙은 자세로 덜덜 떨고 있는 모습을 보면 속에서 불덩이가 치밀어 오를 때가 한두 번이 아니었다. 어느 날 앞집 강아지가 짖는 모습을 보고 겁이 나서 우는 정민이를 보자 엄마는 그동안 참고 있던 화가 폭발했다. "너, 바보니? 작은 강아지가, 그것도 매일 보는 강아지가 뭐가 무섭다고 이 난

리야? 엄마가 너 때문에 속상해 죽겠다. 덩치는 산 만해서 맨날 징징거리기만 하고. 뭐가 되려고 그러니? 아휴, 속상해." 정민이는 그런 엄마를 보고 크게 놀란 것 같았지만 큰 소리로 울지도 못하고 입을 막고 흐느끼고 있었다.

　우리는 정민이 어머니의 마음을 쉽게 공감할 수 있을 것 같다. 겁내고 위축되어 있는 아이를 위로해 주고 안아 주는 것도 한계가 있지 열 살이 넘은 큰 아이가 아직까지도 계속 소심하고 우는 소리를 한다면 부모는 화가 날 수밖에 없다. 어린아이들의 경우는 이렇게 말하기도 한다. "그만 울어! 너 자꾸 울고 겁쟁이처럼 그러면 큰 주사 놓아 줄 거야." 그러나 큰 아이라면 "그렇게 담력이 약해서 어떻게 하려고 그러니? 뭐나 제대로 할 수 있겠어?" "네 동생 봐라. 얼마나 용감하니? 동생보다도 못해서야 원……." "아유, 다 큰 녀석이 뭐가 무섭다고 그래. 너 남자 맞니? 창피하지도 않아?" "엄마가 너 때문에 얼마나 힘든지 알아? 창피하다, 창피해." 이렇게 비난하고 위협하고 비교하는 경우도 있다.

이렇게 하면 아동이 어떤 반응을 보일까? 앞의 정민이처럼 더 위축되고 겁을 먹으며 눈치를 보게 되는 것이 대부분이다. 자신이 겁쟁이고, 부모에게 자랑스러운 존재가 되지 못하고, 앞으로 자라서 아무것도 못하게 될 것 같은 두려움에 더 불안해할 수도 있다. 정말 이렇게 겁내고 무서워하는 모습을 계속 보인다면 부모가 자신을 버릴지도 모른다는 걱정을 할 수도 있다. 부모가 보기에는 참 우습고 말도 안 되는 생각이지만 자기중심성*이 팽배한 연령대의 아동들로서는 가능한 일일 수 있다. 그러므로 겁이 나고 무섭지만 부모의 반응에 더 불안해하면서 스스로를 더 고립시키고 매사에 눈치를 보

★ 주: 어린 아동들이 외부에서 일어나는 모든 일의 원인이 자신 때문이라고 느끼는 것을 말한다. 예를 들어, 아동은 부모가 싸움이나 이혼을 하게 되었을 때도 자기 때문이라고 생각하거나 부모가 칭찬을 하고 못해 주는 것도 부모가 기분이 좋아서라고 생각하지 못하고 자기 때문이라고 생각한다.

는 것이다. 이렇게 된다면 아이는 자신의 존재에 대한 수치감을 느낄 수도 있고, 자존감은 점점 더 떨어지게 된다. 즉, 점점 더 겁을 먹고, 더 의존적으로 변해 가며, 부모-자녀관계도 악화될 수 있다. 부모가 생각지도, 원하지도 않는 결과를 가져올 수 있다는 것이다. 겁내지 말고 두려워하지 말고 용기를 내라고 한 말인데, 아이는 오히려 눈치를 보고 더 소심해지고 위축되는 결과를 가져온다.

미신적인 신념을 키워 주기

어릴 때부터 소심하고 걱정이 많았던 병선 씨는 현재 고등학교 교사다. 시골에서 자란 병선 씨는 7남매 중에 막내로 태어나 부모의 관심을 많이 받고 자랐고, 형제들도 병선 씨를 아껴 주었다. 다섯 살 때 병선 씨는 마을 잔치에서 돼지를 잡는 모습을 보았는데, 그 일이 있은 후부터 잠을 자지 못하고 식은땀을 흘리고, 돼지 옆에만 가면 온몸이 얼어붙는 것같이 두려워하고 헛소리까지 하게 되었다. 이런 병선 씨를 보고 있던 부모님은 병선 씨에게 돼지귀신이 붙었다고 생각해 굿을 하였다. 그러나 굿판에서 본 무당의 현란한 춤과 귀가 따가울 정도의 꽹과리, 북 소리에 더욱 놀라 병선 씨는 더 힘들어했고, 이런 병선 씨 때문에 부모님은 한동안 병선 씨를 늘 업고 다녀야 했다. 지금도 병선 씨는 작은 일에도 걱정이 많고 노심초사하곤 하는데, 이럴 때마다 무당을 찾아다니며 앞일을 점쳐 보고, 무당의 처방에 안심하며 늘 양복 안 호주머니에 부적을 넣고 다니고 있다. 자신이 걱정하는 일이 무엇인지 곰곰이 생각해 보고 대응책을 마련하기보다는 먼저 부적을 쓰기 위해 돈을 모으는 습관이 생겼다.

세상의 모든 일에는 대부분 이유와 원인이 있다. 즉, 원인 없는 결과란 없다는 것이다. 이것을 알기 때문에 사람들은 자신이 불안한 원인을 찾으려 나름대로 고민하고 적절한 대상을 찾아내는 것이다. 개를 보고 두려워하는 사람은 자신이 개를 무서워한다고 생각하고, 시험 때만 되면 배가 아프고 머리가 아픈 사람은 자신이 시험을 걱정하고 있다고 생각할 수 있다. 이렇듯 대부분의 사람들이 불안과 두려움의 대상을 현실적이고 합리적인 대상에서 찾아내지만 그렇지 않은 경우도 많다. 특히 이유 없이 불안해지거나, 스스로도 불안해할 이유가 없다고 생각될 경우 불안의 대상은 모호해지고, 이때 우리는 이것저것 다른 이유들을 찾아보게 된다. 예전의 부모들은 병선 씨의 경우처럼 귀신이나 혼령 등에서도 그 이유를 찾았고, 그 결과 다양한 미신적인 행위가 불안을 막아 주고 해결해 준다고 믿었다. 지금 생각하면 터무니없는 이야기인 것 같지만 현실적이지 않고 불합리한 이유로 불안을 느끼는 아이에게 불안을 더 보태 주는 부모들이 생각보다 많다. 예를 들어, "망태할아버지가 너 잡으러 온다." "너 자꾸 그러면 귀신이 와서 데려간다." "하늘에서 하나님이 다 내려다 보고 계셔." "자꾸 거짓말하고 도둑질하면 지옥에 간다." "자, 걱정되고 불안하지? 기도하면 다 해결될 거야." "네가 자꾸 엄마 말 안 듣고 네 맘대로 하려니까 그렇지." 등의 말이 그렇다. 물론 종교가 있는 사람의 경우 도덕심과 사명감 등 긍정적인 덕목을 키우기 위해 이러한 말과 신념을 사용하기도 하는데, 그것이 양육에 효과적인 측면도 분명히 있다. 여기서 문제점으로 지적하고자 하는 것은 병선 씨의 경우처럼 자신이 현실적으로 불안해하고 걱정하는 내용을 직시하고 합리적으로 고민해 대책을 마련하기보다 미신적인 신념이나 대응책을 먼저 생각하고 매달리는 경우가 생기는 것이다. 이런 경우 아동은 자신이 문제를 해결하려 하거나 도전하려 하기보다는 보이지 않는 대상에 대한 두려움과 문제에 대한 두려움에 위축되고 죄책감을 느끼거나 겁을 내면서 수동적인 대처방법을 선택하게 된다. 스스로 무기력해지고, 의존적으로 변해 가는 것이다. 이런 방법에 의존하면서 세상에 대한 두려움이 커지고, 미신적인 방식에 강박적으로 매달리게 될 수도 있다. 즉, 불안과 비합리적인 해결책이 점점 강화되는 것이다. 그러므로 자신의 불안과 두려움의 실체에 대해 현실적이고 합리적으로 생각할 수 있도록 도와야 한다. 그렇게 해야만 불안을 극복할 수 있고, 감정에 주체적으로 대응할 수 있는 것이다.

긍정적인 방법에 대한 이야기

기질을 인정해 주기

공포와 불안의 증상들이 대개는 단기적임에도 불구하고 불안장애는 좀 더 만성적이라고 한다. 사실 불안장애 아동들의 거의 절반은 8년 또는 그 이상의 시일 동안 불안을 갖고 있다고 전문가들은 말한다. 이는 어느 정도 불안은 기질을 타고나게 된다는 것을 암시하는 것이라고 할 수 있다. 둘 이상의 자녀를 키우다 보면 기질적으로 공격적이고 거친 아동이 있듯이, 수줍어하고 겁이 많고 쉽게 불안해하는 아이도 있다는 것을 알게 된다. 이것이 기질의 중요성을 알려 주는 증거다. 타고난 기질은 쉽사리 바뀌지 않고, 이러한 기질은 주변의 환경을 어느 정도 조정한다. 즉, 부모는 수줍어하고 겁이 많은 자녀를 좀 더 조심스럽게 대하고, 스트레스를 미리 예상하고 조정하는 방식의 양육태도를 갖게 된다는 것이다. 이러한 양육태도는 아이의 불안한 기질을 더욱 강화시킬 수도 있다. 하지만 부모에 따라서는 아이를 약하게 키워서는 안 된다는 전통적인 방식을 강조하며 겁 많은 아이에게 도전적이고 거친 상황을 제시하고 이에 익숙해지도록 할 수도 있다. 때로는 아이의 불안에 대해서 의도적으로 무감각해지려는 양육태도를 취하는 경우도 있다. 이렇게 키워서 더 강하고 튼튼한 아이로 만들겠다는 목적에서다. 물론 이런 아동이 더 강하고 대범해지는 경우도 있겠지만 오히려 더 위축되어 소극적으로 변하거나 부모와의 마찰로 좌절을 심하게 겪는 경우가 생길 수 있다.

그러면 어떻게 해야 할까? 부모가 아동의 기질을 인정하며 아동의 기질을 조금씩 변화시킬 수 있도록 양육태도와 환경을 조금씩 변경시키는 것이 좋다. 즉, 아이의 기질이 받아들일 수 있는 정도의 도전인지를 지속적으로 관찰해 나가면서 새로운 과제를 제시하고, 아이가 긴장감을 견디며 극복해 낼 수 있는지를 살펴보는 것

이다. 이것이 기질과 양육을 조화롭게 하는 방법이다. 지나치게 기질을 무시한 양육방법도 좋지 않고, 지나치게 기질만을 좇는 양육방법도 좋지 않다. 기질을 존중해 주되, 조금씩 변화를 주면서 압도되지 않도록 배려해 주는 것이 좋다는 것이다. 이때 부모의 태도는 무척 중요한데, 아동이 불안해하거나 미리 좌절할 경우 무시하거나 비난하면 불안한 아이를 더욱 위축시킬 수 있다.

아동의 기질이라는 밀가루 반죽을 펴서 넓힌다는 이미지를 갖고 긴장감을 느끼며 반죽을 손으로 잡고 조금씩 넓히면서 크게 만드는 과정을 되풀이하는 것이 중요하다.

[수줍어서 그런 걸까요? 원래 혼자 있기를 좋아해서 그런 걸까요?]

수줍어하는 아동은 사회적 상황 속에서 사람들과의 접촉을 피하고 대화하기를 겁내며 혼자 있으려고 한다. 그러나 내심 사람들과 잘 어울리고 싶고 말을 잘하고 매력적으로 보이고 싶은 욕구가 있으므로 불안감 속에는 열등감과 소망이 자리 잡고 있다. 그들은 새로운 시도를 주저하며 자기주장을 내세우거나 싸움을 피하고 자신을 방어하려고 들지도 않는다. 이렇게 움츠리고 수줍어하는 모습은 자신을 더욱 고립시키고 외롭게 만들어 점점 위축되고 회피하게 만든다. 따라서 점점 자신감이 없어지고 좌절하며 슬픔을 느끼고 외로움을 느끼는 등 우울한 모습을 보인다.

한편 본래 사회적 활동을 좋아하지 않고 혼자 있기를 좋아하는 아이들도 있다. 이런 아이들은 자신의 삶에 만족하며 대체로 자신감이 있어 보인다. 사회적 욕구가 낮은 만큼 활동적이지 않은 사회생활에 대해 스스로 느끼는 불만과 욕구 좌절이 크지 않다. 그러므로 학교생활이나 집에서의 생활에 큰 변화가 있거나 부정적인 모습이 나타나지 않는다. 반면 내적으로 사회적 욕구가 있지만 실제 생활에서 이를 만족시키지 못하는 수줍어하는 아동들은 내적 욕구가 좌절되므로 만성적으로 우울하고 불만스러운 상태로 지내는 것이다.

가족 내 환경을 안정적이고 예측 가능하도록 조정하기

불안 감소를 위해 가족이 취할 수 있는 하나의 조치는 아이가 자극적인 뉴스나 재앙, 비현실적이고 과도한 공포를 유발하는 영화를 보지 않게 하는 것이다.

또한 가정 내 환경을 안정적이고 예측 가능하도록 조정하여 아동이 일상에서 느끼는 불안이나 두려움을 최소화하고, 정서적인 안정감을 느낄 수 있도록 해 주는 것이다. 똑같은 스트레스에 처해도 어떤 아이들은 좀 더 안정적으로 이를 지각하고 어떻게 하면 잘 대처할지에 대해 고민하며 불안을 스스로 조절해 나가는 반면, 어떤 아이들은 불안에 압도되어 꼼짝 못하고 과도하게 위축되거나 경직되는 것을 볼 수 있다. 이런 차이는 어떻게 발생하는 것일까? 이는 평상시에 예기치 못한 스트레스나 불안한 분위기에 얼마나 자주 노출되었는지, 그러한 일들에 대해 스스로 조절이 가능하다고 느끼는지에 따라 달라진다. 이에 따라 대처하려는 적극적인 모습을 보이는지, 아예 압도되는 수동적인 모습을 보이는지로 나누어질 수 있다.

　　불안해하는 아동을 보면 사람들은 아동을 도와주려고 각성하기 마련이다. 말할 것도 없이 부모는 자녀의 이런 모습에 놀라 당황하게 되고 아이의 불안을 해결해 주려고 즉각적으로 반응한다. 즉, 앞에서 설명한 것처럼 아이를 안고 달래 주거나 불안을 부정하거나 문제를 해결해 주기 위해 애쓴다. 즉, 불안을 직면하지 않도록, 불안에서 도피할 수 있도록 돕는 것이다. 도피를 경험한 아동은 자신도 스스로 회피하는 방법을 터득한다. 회피적 행동은 불안의 극복을 막고, 불안이 지속되도록 하는 강력한 유인가reinforcer다. 다른 말로 설명하면, 불안해하는 대상을 피하면 피할수록 불안은 더욱더 강력해지는 경향이 있다는 것이다. 불안과 직면하기를 회피하면 할수록 불안을 건설적으로 극복하는 것을 배울 기회는 멀어질 뿐이다. 개를 무서워하는 아동이 집까지 가는 빠른 길을 포기하고 그 개 때문에 멀리 돌아서 다닐수록즉, 회피행동이 많아지고, 잦을수록 개 짖는 소리가 점점 더 무서워지고 위축될 뿐이다. 그 집 앞으로 다니면서 다른 친구들은 어떻게 다니는지도 관찰해 보고, 개가 묶여 있다는 것을 알 수도 있고, 짖는 소리는 크지만 작은 몸집의 강아지라는 것도 알 수가 있는데, 그저 피해만 다닌다면 아동은 계속 개 짖는 소리에 민감하게 반응하면서 불안해할 수밖에 없다는 것이다.

그러므로 아동이 불안해하는 모습을 보며 아동과 대화할 수는 있지만 지나치게 민감한 반응을 보이는 것은 좋지 않다. 즉, 아동의 말을 들으면서 부모가 더 불안해하고 격분하거나 미리 아동을 보호하려는 행동을 하는 것은 그다지 도움이 되지 않을 수 있다. 물론 대상에 따라서는 빠른 대응이 필요한 경우도 있을 것이고, 불안의 대상이 적절하다면 아동이 어느 정도 겁을 먹고 조심할 수 있는 태도를 학습하게 하는 것도 필요하다. 그러나 그 외의 일상생활에서 보이는 불안이나 걱정들에 대해서는 부모가 함께 동요되어 해결책을 제시하거나 직접 해결해 줄 필요는 없다. 아동의 불안한 마음을 읽어 주고 대화하며 수용해 주는 것만으로도 불안이 줄어들 수 있고, 아동에게 이것을 어떻게 해결할 수 있는지, 부모가 어떻게 도울 수 있는지에 대해 묻는 것만으로도 좋은 대응이 될 수 있다. 만일 부모가 이 정도의 대처로 아동의 불안을 잘 다룰 수 있는 것인지 여전히 불안하다면 자신이 지나치게 아이를 과소평가하는 것은 아닌지, 과잉보호하는 것은 아닌지에 대해 생각해 볼 필요가 있을 것이다. 또한 부모역할에 대해 지나친 책임감을 갖고 있거나 부모 역시 불안해하고 걱정하는 기질이 있어 자녀가 불안해하는 것을 견디지 못하는 것은 아닌지에 대해 곰곰이 생각해 볼 필요가 있다. 그렇다면 이 책의 내용이 부모와 자녀 모두에게 도움이 될 것이라고 본다. 더욱이 부모가 어릴 때 불안을 많이 느꼈다면 경험자이자 자녀의 선배로서 아이에게 조언을 해 주고 공감할 수 있어 좋은 점도 있다.

그럼에도 불구하고 주변 환경이나 사건에 대해 부모가 먼저 경고하고 불안해하는 경우가 있다. 예를 들어, "차 조심해라." "항시 준비해라." "아무도 믿지 말거라." "옷을 따뜻하게 입어라. 감기 들겠다." "밤에는 밖에 나가지 말거라." 등 과도하게 조심스럽고 경계하는 말을 자주 하는 경우다. 이런 경우 자녀들은 바깥세상은 언제나 위협이 도사리고 있는 불안한 장소라는 인식을 갖게 되며, 사람들에 대해서도 좋은 인상을 가질 수 없다. 이런 아이는 대체로 모든 일에 노심초사하여 걱정이 많고 안심을 못하며 불안해하는 성인으로 자라게 된다. 만일 정말 사고를 당하기라도 하면 아이는 부모의 말이 맞았다는 신념을 더 강화시켜 특정 대상에 대한 공포증을 유발하게 될 수도 있다.

물론 세상은 자신이 조심하지 않으면 큰일을 당할 수 있고, 조심해도 큰일을 당할 가능성이 있다. 그러나 자녀가 항상 어떤 일이 일어날지에 대해 걱정하고 불안해하며 살아가기를 바라는 부모는 없을 것이다. 이보다는 조심해야 할 부분이 있더라도 도전하고 극복해 나가기를 원하는 부모가 더 많을 것이다. 그러므로 어릴 때부터 세상은 위험한 일도 있겠지만 이를 잘 극복할 수 있고, 잘 이겨

내면 자신이 원하는 것을 얻어낼 수 있다는 기대와 희망을 갖고 자라도록 도와야 할 것이다. 따라서 아이의 도전에 대해 격려하고 자신감을 심어 주는 것이 중요하다. 조심해야 할 부분이 있다면 부모가 먼저 알려 주기보다는 아이에게 조심해야 할 것은 없는지, 준비해야 할 것은 없는지에 대해 물어보는 방법을 사용하자. 그래서 아이 스스로 고민하고 위험성을 판단해 보고, 그에 따라 적절한 대비책을 생각해 보도록 하는 것이 좋다. 그러나 이러한 사고판단력이 없는 어린 자녀들인 경우는 미리 주변 환경을 조정해 위험한 것을 치우거나 위험한 환경에 노출되지 않도록 배려하는 것이 적절할 것이다. 만일 실패한 경우도 "거 봐, 조심하라고 했잖아."라고 말하기보다는 "용기를 내서 도전했는데 잘 안됐구나. 그런 경우도 있지. 다시 한 번 해 봐. 이번에는 어떻게 하면 더 좋을지를 생각해 볼까?"라고 말해 줄 수 있을 것이다.

[**아이의 용기를 길러 주는 열네 가지 말**]

아이들은 하루하루의 여러 가지 상황에서 자신이 가진 용기를 시험당하고, 또 그것을 극복하면서 자신감을 갖게 된다. 작은 용기를 길러 가는 과정에서 큰 용기를 배우는 것이다. 용기는 타고나는 것도, 하루아침에 배울 수 있는 것도 아니다. 아이들의 일상에서 부모가 작은 용기를 발견하며 격려해 줄 때 비로소 아이들은 자신이 이미 용기 있는 사람이었음을 알게 된다. 다음은 아이 자신이 용기 있는 사람이라는 것을 알려 주는 주옥 같은 말이다.

❶ 어디 한번 해 볼까?
❷ 이런 일도 할 수 있구나!
❸ 마지막 결정은 스스로 하렴!
❹ 실패하면 다시 하면 돼.
❺ 엄마(아빠)는 언제나 네 편이란다.
❻ 무슨 일이든 최선을 다하자.
❼ 싸우지 않으면 안 될 때도 있단다.
❽ 무서울 때는 소리를 크게 내 보자.
❾ 모르는 것을 물어보는 것도 용기란다.
❿ 모든 것이 호박이라고 생각해 보렴.
⓫ 남의 비웃음에 신경 쓰지 말아라.
⓬ 넌 훌륭한 사람이야.
⓭ 부드러운 네가 참 좋다.
⓮ 웃으면서 이야기할 때가 올 거야.

다고 아키라(2005). 『아이를 빛나게 하는 금쪽 같은 말』. 나들목.

{ 따뜻하고 수용적인 분위기 만들기 }

많은 학자들은 불안장애를 만들어내는 요인들 중 하나로 부모 자녀 간의 불안정한 애착을 말한다. 즉, 유아기에 부모와 불안정한 애착을 형성한 아동이나 청소년은 성장한 후 불안장애를 겪는 경우가 많다는 것이다. 20년간의 장기 연구에 따르면, 유아기에 불안정한 애착을 보였던 사람들 중 28%가 성장한 후 불안장애를 겪은 반면, 그렇지 않은 사람들은 13%가 불안장애를 겪었다는 결과가 있다. 대부분 분리불안장애나 과잉불안장애 또는 사회공포증이었다. 물론 생의 초기에 불안정한 애착을 형성했다 하더라도 정상적으로 성장하는 경우가 있고, 반대로 어린 시절 부모와 안정적인 애착을 형성했지만 발달 과정에서 불안장애가 생기기도 한다. 이러한 연구는 초기의 불안한 애착 유형이 불안장애의 발달에 위험요소가 될 수 있음을 암시하는 것이다. 특히 유아기 초기에 어린 아이가 부모에게 매달리고 찾는 애착행동에 대해 부모가 무관심하게 대하거나 반응하지 않는다면 어린아이는 부모에 대한 신뢰를 형성하지 못하고 부모를 더는 찾지 않는 모습을 보이게 된다. 그러면서 부모의 반응에 자신도 시큰둥하게 반응하거나 마치 부모가 필요없는 듯한 모습을 보인다. 이것이 불안정애착을 형성하는 과정이다. 한편 부모가 자녀를 어느 때는 민감하게 잘 받아 주다가 어느 때는 거부적인 반응을 하는 등 변덕스러운 모습을 보일 때 불안정한 애착이 발달한다. 이런 경우 어린아이는 부모가 자신을 사랑하는지, 사랑하지 않는지에 대해 불안해하면서 부모의 사랑을 항상 확인하려고 매달리고 눈치를 보며 집착하게 된다. 이런 아동은 자라면서 주변의 시선이나 평가에 예민해져서 사소한 거부나 무시에도 참지 못하고 긴장하며, 타인의 인정과 평가에 과도하게 집착하는 모습을 보이게 된다.

그러면 안정애착을 형성하기 위해 부모는 어떻게 해야 할까? 어릴 때부터 부모가 아동의 반응에 민감하게 반응하고 수용적으로 대응해 준다면 아동은 부모뿐 아니라 세상에 대해서도 긍정적인 신뢰를 형성하게 된다. 이런 아동일 경우 자신에 대한 확신과 신념도 강해져 외부의 반응에 좌지우지되지 않고 내적인 안정감이 생겨 새로운 환경이나 대상, 사소한 비판에 대해 흔들리지 않는다. 또한 불안을 경험하게 되는 외상trauma을 겪어서 일시적으로 불안증상을 나타내도 어렵지 않게 안정을 되찾을 수 있는 심리적 범퍼를 갖게 되기도 한다.

만약 어릴 적에 여러 가지 사정 때문에 안정된 애착관계를 맺지 못한 경우는 어떻게 해야 할까? 다음의 예에서 그 해결책을 살펴보자.

경희 씨는 재혼가정의 계모이지만 부모역할은 처음이어서 남편의 여섯 살 난 딸 현아를 어떻게 키워야 할지 난감했다. 현아의 생모는 심한 우울증으로 현아가 어릴 때부터 입원과 퇴원을 반복했고, 그런 가운데 현아를 적절히 돌보지 못했다. 현아는 생후 6개월부터 종일반 어린이집에서 지내야 했고, 저녁 9시가 되어야 아빠를 볼 수 있었다. 실질적으로 현아는 부모와 놀이를 하거나 한가로이 즐거운 시간을 보낸 경험이 없었던 것이다. 현아를 처음 만났을 때 현아는 경희 씨를 보고 웃지도 않고 울지도 않은 채 인형처럼 서 있었다. 현아는 안기지도 않고 더욱이 살갑게 대하며 이야기할 줄도 모르고 혼자 물끄러미 쳐다보고 있거나 심하게 떼를 부리며 우는 경우가 많아 경희 씨와 남편은 어찌할 줄을 몰랐다. 상담소를 찾은 후 현아에게 애착장애가 있다는 것을 알게 되었고, 마음에 큰 상처가 있었음을 이해할 수 있었다. 그 후로 경희 씨는 늘 현아를 데리고 다니면서 많이 어루만져 주며 사랑을 표현해 주었고, 사소한 일들도 대화로 연결하며 이야기를 나누려고 애썼다. 6개월 후 현아는 경희 씨에게 잘 안겨 있을 수 있고 웃기도 하는 등 전과는 다른 모습을 보였으며, 주변 아파트의 또래들에게도 관심을 가지고 놀이터에 나가는 것을 즐기기도 하였다. 경희 씨는 현아가 아직 대화의 수준이 또래보다 낮고 새로운 것에 대한 불안감과 긴장감이 있어 쉽게 위축되는 면은 있지만 이렇게 현아와 함께한다면 점점 더 나아질 수 있다는 것을 알고 있어 희망을 가질 수 있었다.

　현아의 경우처럼 양육자의 태도에 따라 아이의 애착 유형은 변화될 수 있다. 즉, 부모가 아이의 감정과 반응을 주시하고 이에 민감하고 적절하게 반응한다면 아이는 변한다는 것이다. 부모가 따뜻하게 보듬어 주고, 안아 주고, 이야기해 주고, 눈맞춤을 해 준다면 아이는 자신이 사랑받을 만한 존재라는 것을 새삼 느끼게 되고, 부모와 세상이 믿을 만하고 좋은 대상이라는 것을 알게 될 것이다. 물론 유아기에 불안정애착으로 어려움을 겪은 아동이 자라면서 안정애착으로 변화되기 위해서는 부모의 갖은 노력과 극진한 인내가 필요할 것이다. 이는 안정애착을 형성하기 위해 아기에게 들여야 하는 노력과 인내보다 몇 배 더한 것일 수도 있다. 새 도화지에 그림을 그리는 것보다 이미 그려진 그림을 지우고 다시 새 그림을 그리는 것이 더 어렵기 때문이다. 더욱이 먼저 그린 그림을 잘 지워도 어느 정도 얼룩은 남아 있을 수 있기 때문이다. 하지만 이렇게 하면 아이의 인생이 보다 긍정적으로 달라질 수 있다는 것은 자녀뿐 아니라 부모에게도 또 한 번의 기회를 준다는 의미이므로 희망적인 이야기라고 본다.

위협하지 않기

불안해하거나 소심한 자녀를 보면서 가끔은 엄포를 놓거나 계속 그렇게 굴면 혜택을 빼앗기거나 좋지 않은 결과가 올 거라고 말하는 경우가 종종 있다. 예를 들어, "너 남자애가 그렇게 소심하면 고추 떨어진다." "언니가 그렇게 겁이 많으면 아예 네가 동생해라." "그렇게 겁이 많아서 어디에 쓰니? 이 참에 극기훈련이나 보내볼까?" "자꾸 그렇게 걱정만 하면 이번에 놀이동산에 가기로 한 약속 안 지킨다." 등의 말이 그렇다. 오죽하면 이렇게 말도 안 되는 엄포를 놓으면서라도 아이가 용감해지기를 바랄까? 그만큼 불안

해하고 쓸데없이 걱정이 많은 아이를 언제나 웃으면서 대하기는
어렵다는 뜻이기도 할 것이다. 그렇지만 부모의 이런 속 타는 마음
과는 달리 이런 말을 직접 듣는 불안한 아동들의 심리는 어떠할까?
아마도 현재 불안해하는 심정에 한 가지 걱정을 더 안게 되거나,
더 위축되어 숨죽이며 긴장하거나 아예 긴장을 이기지 못해 울음
을 터뜨릴 수도 있다. 즉, 이런 말로 불안과 겁먹음이 달아나길 바
라는 부모의 심정과 달리, 아동은 더 불안해지고 위축되고 소심해
질 가능성이 크다는 것이다. 그러므로 위협하는 방식으로 불안에
대응하는 것은 그다지 좋은 결과를 가져오지 못한다. 만일 자신도
모르게 이런 말을 꺼낸 부모가 있다면 아이에게 진심으로 사과하
는 것이 좋다. 예를 들어, "아까는 엄마가 말이 심했어. 네가 걱정
하는 모습을 보면서 엄마도 약간 기분이 안 좋았던 것 같아. 미안
하다."라는 정도로 설명을 해 주면 아이가 자신의 감정을 표현하
는 것에 위협을 느끼지는 않을 것이다.

[그 정도면 충분해!! 이제 그만!!]
-강박적 사고로부터 벗어나기-

 생각이 많은 강박증 아동들이나 불안이 만연해 잔걱정이 많은 아동들은 자꾸 밀려오
는 생각 때문에 안절부절못하는 경우가 많다. 이런 경우 아동에게 혼잣말을 사용할 수

있도록 가르쳐 줄 수 있다. 예를 들어, 비가 올 것 같아 자꾸 걱정을 하는 아동에게는 "지금부터 1분 동안만 곰곰이 생각해 보자. 딱 1분이야!"라고 걱정의 시간을 제한해 놓는 것이다. 한편 자신이 들을 만큼 큰 소리로 "이제 그만! 생각을 그만하자."라고 외치는 것도 침투적 사고(intrusive thinking)를 조절하는 데 도움이 된다. 자신이 하고 싶지 않지만 지속적으로 강박적인 행동을 지속하게 되는 아동에게 "손 씻는 시간은 2분이면 충분해."라고 스스로 말하게 하는 것도 도움이 된다. 혼잣말은 스스로 조절할 수 없을 것 같은 생각이나 행동들을 통제하는 데 효과적이다. 부모는 아이가 자발적으로 이런 행동을 할 때 격려해 주고 스스로 노력하는 모습에 칭찬해 주는 것이 좋다.

{ 비판적인 태도를 조심하기 수치심을 자극하지 않기 }

불안한 자녀를 둔 부모들은 지나치게 비판적이고 완벽주의적인 기준을 가진 경우가 많다. 완벽주의적으로 키워진 아동들은 대체로 불안정하고 자신의 능력이나 존재에 대한 자신감이 낮고 쉽게 수치심을 느끼며 주변의 시선이나 비평에 예민하게 성장한다고 한다. 자신뿐 아니라 세상에 대한 시선 역시 비판적이고 회의적으로 변하고, 새로운 것에 도전하기보다는 어려움이 있을 때 쉽게 좌절하고 포기하게 된다고 한다. 다른 사람들의 시선을 지나치게 의식해서 자신의 욕구나 의지보다는 상대방의 욕구나 의지에 따라 움직이게 되고, 실수를 했을 경우에는 스스로 자신을 비난하는 경우가 많다. 즉, 불안정한 정서뿐 아니라 자신에 대한 낮은 자신감과 세상에 대한 비관으로 우울증에 걸릴 소지도 높아지는 것이다. 따라서 자녀에게 지나치게 비판적인 태도를 보이는 것은 좋지 않다. 그보다는 융통성 있고 다소 허용적인 태도로 자녀를 대하는 것이 불안한 아동들에게 필요한 양육방법이다. 대체로 불안한 아동의 부모가 엄격하고 경직된 방식으로 자녀를 양육한다는 연구들이 있다. 따라서 집안 분위기 역시 권위적이고 통제적이기보다는 유연성 있고 자유롭고 자연스러운 느낌이 들도록 하는 것이 좋다.

일관적인 양육 방법을 사용하기

태연이는 집에 들어가면 늘 엄마의 눈치를 살피느라 불안하다. 엄마의 기분이 좋으면 어제 야단맞았던 행동도 오늘은 쉽게 넘어갈 수 있기 때문이다. 엄마가 기분이 좋으면 먹을 것도 많이 해 주고 친절하지만 그렇지 않을 경우는 사소한 일도 야단맞을 거리가 되고 잔소리가 시작되는 것을 태연이는 어릴 적부터 알고 있었다. 요즘은 가방에 성적표를 넣고 다니는데, 엄마가 기분이 좋은 날에 보여 드리려고 며칠째 눈치를 보며 안절부절못하고 있다. 태연이는 엄마의 눈치만 보는 것이 아니다. 아빠의 눈치도 보고, 학교에서는 선생님의 눈치를 보고, 심지어는 친구들의 눈치도 많이 본다. 떡볶이가 먹고 싶어도 친구들이 아이스크림을 먹자고 하면 자신도 아이스크림이 먹고 싶었다고 말한다. 친구에게 서운한 일이 있어도 말하지 않고 오히려 그 친구의 기분이 좋은지 나쁜지를 먼저 살핀다. 태연이는 이런 자신이 늘 부끄럽고 마음에 들지 않는다.

Part 2 | 불안한 우리 아이 어떻게 도울 수 있나요?

태연이처럼 부모의 양육태도가 일관적이지 않고 자신의 감정 위주로 반응할 경우, 아동은 자신의 내적 기준을 확립하지 못하고 지나치게 외부의 기준에 맞춰 행동하려는 모습을 보이게 된다. 이런 경우 자신의 감정이나 생각에 대한 통찰력과 표현력이 떨어지고, 오히려 다른 사람이나 주변 환경의 상태를 인식하는 눈치가 더 많이 발달한다. 그러면 아동은 항상 불안하고 자신감이 없는 모습을 보일 것이다. 이런 아동의 심리는 어떠할까? 아동은 상대방에게 자신을 맞추면 상대방이 자신을 인정해 줄 것 같은 기대에서 이렇게 행동하겠지만, 소심하고 남의 눈치만 보는 아동이 매력적으로 비춰질 가능성은 적다. 또 이러한 아동은 내면에 피해의식도 커서 자신은 다른 사람들을 배려해 주며 살았는데 그들은 자신을 좋아하지 않고 계속해서 자신만 희생하고 양보하라 한다고 좌절하기 쉽다. 이런 성향은 부모가 일관적이지 않고 감정적이고 즉흥적인 방식으로 양육했을 때 나타나기 쉽다. 그렇다면 일관적으로 양육한다는 것은 어떤 것일까? 바로 훈육의 원칙을 세우고 그 원칙에 따라 아동에게 반응하는 것을 말한다. 부모의 기분에 관계없이 어느 상황에서나 허용되는 행동과 그렇지 않은 행동은 늘 동일해야 하는 것이다. 그러나 항상 원칙만을 강조할 수는 없다. 예외적인 상황도 분명히 일어나기 때문이다. 그러므로 10번 중 7~8번의 일관성을 보일 수 있다면 아동은 그 기준을 대체로 일관적으로 이해하고 수용할 수 있다. 한편 행동의 종류에 따라서는 유연성을 더 발휘하거나 덜 발휘할 수 있는 것도 있다. 예를 들어 보자. 동생을 때리는 것은 절대 안 된다는 원칙은 어느 상황에서고 원칙적으로 실시되면 좋다. 그러나 하루에 사탕을 5개 이내로만 먹어야 한다는 원칙에 대해서는 어느 정도 유연성을 발휘할 수 있다. 이렇듯 부모의 일관된 훈육의 원칙으로 행동의 기준을 명확히 하는 것은 아동이 내적인 기준을 확립하고 스스로의 행동을 일관적으로 조절해 나갈 수 있는 토대가 된다. 아동 역시 자신이 지켜야 할 기준이 확실하고 분명할 때 더욱 안정감 있게 따를 수 있다.

{ 신체적·심리적 약점을 보완해 주기 }

불안한 아동은 어려움이 있을 때 이를 적절히 극복하고 대처할 수 있다는 자신감이 낮다. 자신감이 낮은 것은 심리적인 문제도 있겠지만 실제로 대처능력이나 자원이 또래보다 떨어지는 이유에서 비롯된 것일 수도 있다. 키가 작거나 잘생기고 예쁘지 않은 것 등 어떻게 해도 물리적으로 변화될 수 없는 것들도 있다. 하지만 작은 키는 적절한 옷차림과 키높이 구두, 모자 등의 액세서리를 이용해 보완할 수 있고, 외모 역시 다양한 방법을 이용해 좀 더 호감 가고

개성 있는 모습으로 변화시킬 수 있는 가능성은 얼마든지 있다. 자신의 외모나 옷차림 때문에 자신 없어 하고 긴장하는 아이들의 경우 이런 식의 변화를 돕는다면, 부모가 "자신감을 가져라." "어깨를 펴고 자신 있게 행동해라."라고 말하는 것 이상으로 효과를 발휘할 수 있을 것이다.

　그러므로 아동이 스스로의 대처능력이나 자원에 대해 자신감을 갖지 못하면서 불안해한다면 불안한 대상에 대해 보다 적절하게 대응할 수 있는 방안을 함께 모색해 보는 것이 중요하다. 사람들 앞에서 말하기를 주저하고 발표를 하지 못하는 아동의 경우 가정에서부터 아동의 표현에 대해 관심을 보여 주며 긍정적으로 반응해 주는 것이 좋다. 예를 들어, "민영이는 그렇게 생각하는구나. 민영이의 생각을 알게 돼서 기쁘다." "해철이가 그렇게 말하는 것을 보니 뭔가 다른 생각이 있는 것 같은데 궁금한걸! 네 생각을 좀 더 이야기해 주겠니?" "영채는 좀 다르게 느끼고 있구나. 그래, 네가 어떤 느낌을 갖고 있는지가 중요하지. 어떻게 그런 느낌이 들었니?"라는 말은 아동의 의견과 감정을 존중한다는 의미를 전달하고, 아동이 좀 더 표현하도록 격려하는 효과를 가져온다. 자녀의 불안함을 인정하는 것이 불안을 더 증폭시키지 않을까 하는 걱정을 할 수도 있을 것이다. 그러나 불안함은 묻어 두고 모른 척할수록 더욱 커지기 때문에 불안한 감정을 인정하고 해결을 위해 대화

네 생각은 어떠니?

제 생각에는요……

할 때 불안의 위력이 점차 약화될 수 있다. 더불어 대화를 통해 아동은 자신이 존중받고 있다는 느낌을 받고 부모가 신중하게 대하는 모습에서 자부심을 느끼게 된다.

신체적인 약점을 보완해 주거나 체력을 강화시켜 주는 것도 도움이 된다. 건강이나 신체적인 힘의 조절, 신체를 스스로 조절할 수 있다고 느끼는 아동은 자신에 대해 보다 좋은 느낌을 갖는다. 또한 자신이 뭔가 통제할 수 있고 강하게 만들 수 있는 주체가 된다는 생각은 강한 자신감을 얻게 해 준다. 그러므로 아이가 좋아하는 체육활동을 꾸준히 연마할 수 있는 기회를 주는 것도 좋다. 만일 감기에 걸리면 부모가 약을 먹이고 잠을 재우는 등 감기를 이기는 방법에서도 부모의 주도하에 수동적인 입장이 되도록 하기보다는 아이가 감기를 이기는 방법이 무엇이 있는지 스스로 생각해 보고 약 먹는 시간을 챙기는 등 자신을 관리하는 방법을 알려 주는 것이 좋다. 이런 행동을 아동이 스스로 할 때는 사소한 것이라도 민감하게 파악하고 적극적으로 칭찬을 해 줘야 한다. 예를 들어, "와, 명현이가 스스로 약 먹는 시간을 챙길 줄 알게 됐네! 대단한 걸!" "승민아, 지금 감기에 걸렸잖아. 병이 빨리 낫기 위해서 우리가 할 수 있는 게 뭐가 있을까? 엄마가 널 어떻게 도우면 좋을까?" 라고 말하는 것이다. 이런 대화는 아이가 스스로 어려움에 대응하고 극복할 수 있는 힘이 있다는 부모의 믿음을 전달한다. 이렇게 부모의 신뢰를 얻은 아동은 스스로를 신뢰하게 되고, 일상에서 이런 태도를 학습한다면 불안한 대상이 생겼을 때도 압도되지 않고 어떻게 불안에 대응할 수 있는지, 어떤 도움이 필요한지에 대해 곰곰이 생각할 수 있다.

한 가지 덧붙일 것은 무엇이든지 우리는 시행착오를 통해 배운다는 사실이다. 책에서 보여 주는 사례나 예시는 하루아침에 이루어지는 것이 아니다. 그 필요성을 인식하고 수차례 연습하고 의식적으로 노력하면 조금씩 변화될 수 있음을 마음에 새기고 익혀야 할 것이다. 그렇지 않다면 책에 나오는 사례와 성공 예시처럼 살지 못하는 나와 내 자녀들에 대해 불만과 좌절을 겪을 수 있다. 그렇게 쉽게 극복하지 못하는 아동과 다양한 상황에서 척척 대응하며 주옥 같은 말로 아동을 사로잡지 못하는 나에 대해 실망이 클 수 있다. 부모인 나도 인간이고 내 자녀도 인간이다. 인간은 시행착오를 통해 배우고 변화한다. 여러 번의 실패와 실수를 반복하면서 다시 읽고 반복해서 연습한다면 전과는 달라진 모습을 느끼게 되는 순간이 분명 찾아온다. 그때까지 인내와 희망을 제시하며 아동과 부모를 격려해야 하는 것은 부모 자신의 몫이다. 이 책이 그런 평범한 부모에게 도움이 되기를 바라는 마음에서 쓰였음을 잊지 않기를 바란다. 심리학에서 하루아침에 달라지는 모습이나 시행착오 없이 달성되는 일은 찾기 힘들다. 특히 발달심리학에서는 끊임없이 변화되는 발달단계에 따라 노력이 훨씬 더 많이, 유연하게 사용되어야 함을 강조한다. 그러니 좌절하기보다는 희망을 갖고 용기를 내기 바란다.

[왜 책처럼 안 되지요?]

부모들이 상담실을 찾아와서 "왜 우리 아이는 TV에 나오는 아이처럼 빨리 안 변하지요?" "TV에서 나오는 것처럼 획기적으로 단기간에 변할 수 있는 치료방법을 사용해 주세요."라고 말하는 경우가 있다. 이와 유사하게 "양육에 관한 많은 책을 봤지만 도무지 무슨 말인지 모르겠어요." "책에 나온 대로 다 해 봤는데 모두 실패했어요."라고 말하며 기운 꺾인 모습을 보이는 부모들도 있다.

두 부모 모두 어찌 보면 같은 이야기를 하는 것 같다. 책이나 매체를 통해 소개되는 기법들이 내 아이와 나(부모)에게 100% 들어맞는 정답이 아니라는 것이다. 오히려 나와 내 자녀에게는 부적절한 방법인 경우도 있다. 왜 그럴까? 그것은 기법에만 충실할 뿐 나와 내 자녀의 성격이나 기질, 가정의 분위기나 의사소통방법, 부모의 성격이나 훈육방법, 가정의 다른 스트레스 등을 고려하지 않았기 때문이다. 이 모든 요소들을 고려한다면 겉으로 보기에 유사한 사례에 대해 동일한 해법을 내놓는 것은 적절한 것이 아닐 수 있다. 다만 책이나 매체에서는 하나의 사례를 통해 해결책을 제시하고, 일반적인 문제점을 구성하여 그에 따른 보편적인 해법을 소개할 뿐이다. 책을 보면 간단하고 쉽게 해결될 것 같은데 막상 시도해 보니 되는 것보다는 안 되는 것이 많았다는 말이 진실일 것이다. 중요한 것은 나와 내 자녀에게는 어떤 것이 잘 맞고, 어떤 것이 안 맞는지, 맞지 않는다면 무엇 때문인지를 알아가는 과정이다. 수많은 다이어트 서적과 운동에 관한 비디오가 팔리지만 효과를 보는 것은 오직 땀 흘리고 노력한 사람뿐이다. 그렇기 때문에 평범하고 일반적인 사람을 기죽이는 화려한 사례집과 양육서들을 보며 좌절하기보다는 이를 내 것으로 만들기 위해 다양한 기법을 시도해 보고, 노력하는 과정을 경험해 나가면서 찾아가는 것이 가치 있는 것임을 알아야 한다.

{ 자존감 높여 주기 }

대체로 불안한 아이들은 자존감이 낮은 경우가 많다. 자존감이란 자신에 대한 긍정적인 인식으로 자신이 얼마나 괜찮고 좋은 사람인지에 대한 감정이라고 한다. 대체로 자존감은 실제 자신이 얼마나 수행을 잘하느냐에 영향을 받지만 그것보다 더 중요한 것은 자신의 수행이나 존재 자체에 대한 긍정적인 피드백을 얼마나 많이 받고 자랐는가에 있다고 한다. 예를 들어, 항상 1등을 해도 부모가 이에 만족하지 못하고 더 기대하면서 칭찬과 격려보다는 위협과 긴장감을 조성한다거나 자녀의 능력에 대해 믿지 못하고 아이가 운이 좋았거나 다른 친구들이 시험을 못 봤을 거라고 말한다면 아동은 스스로에 대해 자부심을 느끼거나 좋은 감정을 갖지 못하고 자기를 불신하고 점점 자신감을 잃는 모습을 보일 수 있다. 반면 성적은 좋지 않아도 부모가 아이의 장점을 찾아 인정해 주면서 격려해 주고 시험 결과에 상관없이 사랑해 준다면 아이는 자신에 대해 좋은 이미지를 갖고 자신이 충분히 사랑받을 만한 존재라는 느낌을 가질 것이다. 이런 분위기 속에서 아동은 의욕과 동기를 보이며 열심히 수행하게 되고 결과 또한 자연스럽게 좋아진다. 즉, 결과가 좋아서 칭찬하고 격려하는 것이 아니라 칭찬하고 격려하며 사랑해 주면 좋은 결과가 나오는 것이다. 많은 부모들이 이를 알기에 열심히 하지 않는 모습에 야단을 치고 노력하는 태도를 중시하지만 결국 이에 대한 잣대 역시 좋은 시험 성적인 경우가 많아 아이들은 열심히 하라는 말 자체를 좋은 성적을 받으라는 것으로 듣기도 한다.

실제로 자존감이 높은 아동의 뒤에는 평소에 아동의 감정과 의견에 귀 기울여 주고 존중해 주며 너그러운 부모가 있기 마련이다. 자신에 대해 긍정적인 이미지를 갖게 하려면 먼저 부모가 자신에 대해 긍정적인 인상을 갖고 있음을 확신하고 안정감 있는 대우를 받아야 한다는 것이다. 그러면 아동은 자신에 대해 확신을 갖고, 스스로를 높게 평가한다. 이런 아동들은 주변의 반응이 달라지고 변화되어도 이에 흔들리거나 불안해하지 않고 안정적인 반응을 보일 수 있다. 즉, 내면의 자존감이 높은 아동들은 주변의 영향을 크게 받지 않고 어디서나 자신에게 충실한 모습을 보일 수 있다. 자녀의 자존감을 높이기 위해 자녀가 잘하는 것과 좋아하는 것을 잘 알고 이를 격려해 주는 것이 무엇보다 중요하다. 칭찬과 격려는 사뭇 다른데, 칭찬이 대체로 좋은 결과에 대한 것이라면 격려는 열심히 해 나가는 과정에 대한 것이다. 예를 들어, 좋은 성적을 받은 영희에게 "이번에는 90점을 받았구나. 잘했다."라고 하는 것은 칭찬이고, "이번 시험에는 열심히 노력하더니 좋은 결과가 있었구나. 무언가 열심히 하는 모습은 쉬운 일이 아닌데 영희가 대견하다."라고 하는 것은 격려다. 따라서 격려는 결과가 좋지 않아도 할 수 있고, 아동의 노력 자체에 대한 동기를 부여해 줄 수 있다. 결과가 좋지 않은 경우는 "영희가 시험 준비를 열심히 하는 모습을 봤단다. 결과가 네 마음에 썩 들지 않는 것 같은데 엄마는 네가 나름

점점 좋아지고 있구나.
네가 계획을 세워 공부하고
노력하는 모습이 믿음직했단다.

대로 할 일을 찾아서 계획을 세우고 열심히 하는 모습이 참 믿음직
스러웠단다. 그런 마음가짐이라면 앞으로 많은 일을 잘할 수 있을
거야."라고 격려해 줄 수 있다. 이런 말은 아동이 스스로의 행동에
대해 자부심을 느끼고, 결과에 대해 두려워하기보다는 어떤 결과
가 오더라도 과정 속에서 만족감과 확신을 느낄 수 있도록 하는 데
도움을 준다. 자녀의 자존감을 높이기 위해서는 성적과 같은 수행
외에 다양한 영역에서 자녀가 잘하는 것과 좋아하는 것을 알고 격
려해 주는 것이 중요하다. 자녀가 다정하다면 다른 사람들에게 친

절하고 부드러운 마음씨를 갖고 있음을 격려해 주고, 꼼꼼한 솜씨를 지녔다면 매사 신중하고 자세하게 탐색하며 문제를 잘 해결하는 능력을 갖고 있음을 격려해 준다. 친구들과 잘 어울린다면 다른 사람들과 어울리는 것의 중요성을 잘 알고 타인의 마음을 잘 읽어 주며 친구를 잘 사귈 수 있는 능력을 지녔음을 격려할 수 있을 것이다. 이렇듯 자녀의 개성에 맞는 독특하고 특별한 격려는 부모의 세심한 관찰 속에서 발견될 수 있다. 이렇게 격려를 받고 자란 아동이 스스로를 특별하고 중요한 사람으로 인식하리라는 예상은 거의 적중할 것이다.

[칭찬의 부작용]

자신감이 넘치다 못해 오만방자해지기 쉽다

최근 사회의 변화와 함께 양육태도도 달라지고 있다. 큰 변화의 하나가 칭찬이다. 칭찬의 중요성을 인식한 양육자는 근거 없는 칭찬을 남발한다. 하지만 근거 없는 칭찬은 칭찬받는 이가 자신을 객관적으로 인식하지 못한 채, 자신의 실제 능력보다 과장해서 생각하게 하는 경향이 있다.

좋은 결과에 지나치게 집착하게 된다

좋은 결과는 좋은 과정이 있다면 자연스럽게 이루어지지만, 좋은 결과, 높은 성취에 대해서만 주목을 받고 칭찬받은 아동은 과정을 중시하지 않고 좋은 결과만을 바라게 된다. 이는 좋은 결과를 가져오지 않을 것 같은 일은 미리미리 피하고, 어렵거나 노력해야 하는 과제는 도전하지 않는 결과를 초래한다. 즉, 자신이 잘하는 것만 하려고 하고, 칭찬받을 일만 하려는 경향이 생기게 된다.

실수나 실패를 수용하지 못하고 크게 좌절한다

칭찬을 과도하게 받으며 자란 아이는 실수나 실패를 경험할 때 매우 좌절한다. 이 뿐 아니라 자신의 실수나 실패를 받아들이지 못하고 거부하거나 공격적으로 반응하기도 한다. 이는 주변 사람들에게 인정받지 못할 것에 대한 두려움에서 나타나는 행동이다. 즉, 칭찬받지 못하면 자신의 존재 가치가 떨어진다고 생각하기 때문에 항상 칭찬받기를 기대하고, 그렇지 못할 경우 자신의 존재가 가치롭지 못하다는 인식을 하기 때문이다.

자신의 잘못을 시인하지 못하고 타인이나 상황을 탓한다

칭찬만 듣고 자란 아이는 칭찬이 아닌 것, 좋은 결과가 아닌 것은 자신의 것이 아니라고 인식한다. 이런 일을 자신의 것으로 인정하는 순간 자신의 능력이 부족하다는 것을 시인하게 되는 것이기 때문이다. 따라서 잘못이나 실수를 했을 때 타인 혹은 상황을 탓함으로써 자신의 능력이나 노력 부족을 탓하지 않는 방법을 선택한다. 이것이 심해질 경우는 거짓말을 하거나 비겁한 행동을 하여 좋은 결과를 자기 스스로 만들어 내려는 과도한 노력을 하기도 한다.

불안의 대안행동을 격려하기

불안한 아동에게 "기운을 내! 겁내지 말고."라고 말하는 것보다 아동의 행동을 조용히 관찰하고 있다가 용기를 내거나 스스로 무언가를 해결해 냈을 때를 잘 포착해서 격려해 주는 것이 훨씬 큰 보상이 될 수 있다. 불안한 아동들도 때때로 기운을 내거나 용기를 내서 무언가를 시도하는 경우가 많다. 물론 그러한 시도가 모두 성공적일 수는 없지만 그렇다고 모두 실패가 되는 경우도 없다. 중요한 것은 실패나 성공의 결과보다는 용감한 시도를 자발적으로 하기 시작했다는 것이다. 부모는 아동의 행동을 잘 살펴보면서 실패한 결과나 불안해하는 감정에 초점을 두기보다는 이것을 극복하려는 마음이나 동기, 새로운 시도를 해 보려는 호기심과 의욕을 골라내 싹을 틔워 주고 힘을 실어 주는 역할을 해야 한다. 불안한 대상을 보면서 자연스럽게 행동하려고 애쓰는 모습이나 전과 달리 회피하지 않으려 하거나 이겨내 보려는 생각을 하는 것—행동이 아니고 생각만이라도 훌륭하다—과 전과 다르게 해 보면 어떨까 하며 궁리를 해내는 것 등은 모두 격려받을 만한 행동이고 용감한 행동이다. 일상생활 속에서 자신의 생각을 적극적으로 표현하고 제안하고 부모에게 타협을 하려는 의지를 보이면서 주장을 내세우는 것도 불안한 아동에게는 큰 용기일 수 있다. 부모는 이러한 변화의 싹을 먼저 살피고 배양할 필요가 있다. 초반에 아이들은 이런 부모의 태도에 긴장하거나 변화의 새로움에 낯설어할 수도 있지만, 점차 이러한 행동은 강화받게 되고 불안과 대치되는 행동— 자기주장, 자연스러움, 접근이나 대치 행동 등 불안을 극복하는 다양한 행동—이 많아지는 데 도움을 준다. 이러한 변화의 싹을 부모가 먼저 알아보려면 아동을 다그치거나 앞에서 이끌기보다는 아이의 행동을 민감하게 관찰하고 말은 아끼면서 함께하는 태도를 훈련해야 한다. 아이를 키우면서 조용히 관찰하고 용기를 내는 행동을 찾아 격려하려는 시도는 생각보다 쉽지 않고 많은 인내심이 필요하다. 하지만 그만큼 자녀들의 행동에 미치는 영향은 크고, 아동의 자발성과 내적 동기를 유발한다는 점에서 매우 값진 양육 방법이다.

[올바른 격려방법]

행동의 결과보다는 행동의 방식이나 특성에 대해 칭찬한다. 결과(시험점수, 경기의 승패 등)에만 중점을 두어 칭찬하는 것("시험을 정말 잘 봤구나." "시합에서 승리하다니 대단한 걸.")은 아이가 결과에만 집착하게 하고 다음에는 결과가 좋지 않을까 봐 걱정하게 하는 원인이 된다. 결과가 좋을 때는 결과가 있기까지의 과정의 노력을 칭찬하고 행운이 따라 주어 좋은 결과가 나온 것을 함께 기뻐하고 감사한다.

다음은 행동의 방식이나 특성을 칭찬하는 좋은 예다.

"정말 인내심이 좋구나."
"어려워도 잘 이겨내네."
"참 꼼꼼하게 하는구나."
"참 체계적으로 준비를 했구나."
"다른 사람의 마음을 잘 헤아려 주는구나."
"규칙적으로 생활하는 습관을 가졌구나."

{ 불안하다는 말의
숨겨진 의미를 탐색해 보기 }

아동이 무섭다고 하거나 불안하다고 말하는 것이 때로는 다른 의미를 숨기고 있는 경우도 있다. 예를 들어, 아이가 고아원에 대해 묻는다면 고아원을 두려워하는 것이 아니라 부모가 자신을 사랑하지 않으면 버리지 않을까 하는 불안감에서 하는 질문일 수 있다. 이런 경우는 부모가 평소에 훈육을 하느라 야단치기는 하지만 언제나 사랑한다는 것을 자주 알려 주어야 할 수도 있다. 아이들이 홀로 남겨지거나 버려지는 일, 죽음에 관해 질문을 할 때는 흘려듣지 말고 아이가 지금 말하는 감정이 무엇인지를 느끼면서 아이의 진심에 귀를 기울여야 한다. 많은 부모들이 이야기를 들으면서 해결책을 성급하게 제시하려 들거나 불안을 줄여 주려는 시도를 하는데, 가장 중요한 것은 아이들이 불안하다고 말하는 것에 진심으로 귀를 기울여 경청하는 것이다.

아이가 항시 불안해하면서 새로운 일에 겁을 낼 때는 그런 불안감을 극복하고 잘 대처할 만한 능력이 스스로에게 없다고 느끼는 것은 아닌지 살펴보아야 할 경우도 있다. 이런 경우는 아이의 불안을 덜어 주려 애쓰기보다는 아이가 자신의 힘이나 능력에 대해 자부심을 느끼고 스스로 해낼 수 있는 것들이 생각보다 많음에 대해 깨달을 수 있도록 도와주는 것이 필요하다. 예를 들어, 일상에서 스스로 잘 해내는 것들이나 또래들과 비슷하게 잘할 수 있는 것들에 대해서도 격려를 해 주고, 자신의 일을 잘 기억하고 알맞게 대처한다고 칭찬을 해 주는 것이다. 예전에 겁냈던 것들을 잘 극복했던 이야기를 끄집어내 들려주는 것도 도움이 된다. 부모의 격려는 아동이 스스로의 힘에 대해 자각하게 만드는 효과를 주어 일상 속에서 숨겨져 있던 자신감과 유능감을 경험할 수 있게 해 주는 힘이 있다.

어린아이일 경우에는 스스로 일을 해내도록 하는 것보다 부모의 격려와 보호 속에서 안정감을 느끼게 해 주는 것이 먼저다. 두세 살밖에 안 된 아이에게 스스로 할 수 있으니 힘내라면서 큰 가방을 들게 한다면 이는 아이가 자부심을 느끼게 하는 것보다는 불가능한 일을 해내라는 압력으로 들릴 수도 있다. 그러므로 아이의 연령이 어리거나 아직 불안정한 정서를 보이는 경우라면 보다 안정감을 느끼면서 보호받는 기분을 느낄 수 있도록 도와주고 보듬어 주는 것이 선행되어야 할 것이다.

더 하고 싶은 이야기

{ 마술처럼
완벽한 치료는 없다 }

불안장애 아동이 하루아침에 용감해지는 마술 같은 치료법은 없다.

불안의 대상이 유사하더라도 사람에 따라 불안의 정도와 유발 원인, 합병증 그리고 기질과 처한 환경적 요인도 다르기 때문에 개별적인 이해를 바탕으로 치료가 되어야 한다. 그러므로 확실하 게 불안을 해결해 주는 방법이 있을 것이라는 판단은 오히려 현재의 불안을 증폭시키고 현실적으로 쉽게 해결되지 않는 불안에 대해 무기력해지게 만드는 역효과를 가져올 수 있다. 불안에 대해 마술 같이 완벽한 치료법은 없다는 현실적인 이해를 하는 것이 오히려 불안을 통제하는 데 도움이 된다.

불안의 재발

불안은 재발하기 쉽다. 즉, 현재 느끼는 불안이 잠재워진다 하더라도 또 다른 대상에 불안을 느낄 수 있고 시간이 경과함에 따라 불안의 수위가 달라질 수도 있어서 불안이 사라진 것 같았으나 다시금 갑자기 두려워질 수도 있다는 것이다. 이러한 현상을 불안의 재발이라고 할 수 있는데, 이렇듯 불안은 정복했다고 느꼈어도 다시 찾아올 수 있다. 불안은 유전적이고 기질적인 요인도 다분하고 다양한 환경의 변화로 새로운 불안의 대상을 찾기도 쉽다. 불안한 사람들의 특징 중 하나가 이성적으로 생각해 보면 불안해하지 않아도 됨을 알지만 불안한 마음을 조절할 수 없고, 이런 마음을 스스로 해소할 수 없을 것 같아 무기력해지는 것이다. 그러므로 불안이 변화한다는 것에 대해 이해하고 있다면 달이 차고 기울 듯 불안한 대상이 생기고 또 사라지는 것에 대해 통제력을 잃지 않고 자연스럽게 대처할 수 있을 것이다.

큰 병 관리하는 사람이 더 오래 산다

원고 마감일에 대해 불안을 갖고 있는 기자들이 그렇지 않은 기자들보다 원고 마감일을 잘 지키고 만족스러운 기사를 써 낸다고 한다. 어느 정도 불안을 갖고 있는 것이 수행에 도움이 된다는 이야기다. 다만 불안은 본인이 스스로 관리하고 통제할 수 있을 정도의 것이어야 한다. 이는 '최적각성이론' * 이라는 심리학 이론으로도 증명되었다.

장수하는 사람 중에는 당뇨병이나 협심증 같은 큰 병을 앓고 있는 사람들이 적지 않다. 자신의 건강상태를 항상 체크하며 약물치료와 함께 식이요법이나 운동 등 적절한 관리를 지속하기 때문에 장수가 가능한 것이다. 불안도 마찬가지다. 불안을 적절히 관리하면서 수행을 해 나갈 수 있다면 불안은 큰 동기 유발 요인이 되고 촉진 요인이 될 수 있다. 이것을 스스로 알고, 자신이 느끼는 불안이 현실적인 것인지 그렇지 않은 것인지에 대해 객관적으로 생각해 보고 해결하기 위해 노력한다면 보다 나은 수행을 해낼 수 있다. 부모가 이런 생각을 갖고 자녀의 불안한 모습을 접한다면 그것

★ 주: 너무 낮지도 높지도 않은 중간 수준의 각성 상태에서 최적의 수행을 할 수 있다는 심리학의 이론

을 효과적으로 이용하고 관리할 수 있는 방안을 모색해 볼 수 있다. 즉, 불안으로부터 해방되는 것을 목표로 하기보다는 그것을 더욱 현실적으로 관리하고 스스로 통제하는 방법을 목표로 삼는 것이다. 이렇게 부모가 불안을 통제하도록 도와준다면 자녀 역시 불안에 떨기보다는 당당한 모습으로 대처해 나갈 수 있을 것이다.

[부모 자신을 돌보기]

스트레스에 과학적으로 대처한다

최근 몇 주 동안 스트레스 반응(짜증, 분노, 적대감)을 느꼈던 때를 생각해 보자. 그런 다음 원인이 무엇인지를 생각해 본다. 자신이 어떤 일에 스트레스를 받았는가를 분석해 보고, 그 원인에 대하여 대안이 되는 방법을 생각해 본다.

반응을 지연시킨다

스트레스 사건에 대해서 빠르고 충동적으로 반응하면 이는 신체적으로, 정신적으로 흥분을 초래하고 논리적인 판단이 흐려진다. 따라서 합리적인 사고가 활동할 수 있도록 시간을 줌으로써 여유를 갖게 하는 것이 중요하다.

긴장을 이완시키는 훈련을 해 보자

신체적 긴장을 풀어 주는 연습을 하다 보면 마음의 긴장까지 풀어지는 것을 느낄 수 있다.

당신의 시야를 넓혀 보자

지금 당장의 세부적인 것에 신경 쓰지 말고, 나와 내 아이 인생 전반에 초점을 맞춰 본다.

자녀와 가끔 떨어져 휴식을 취해 보자

자녀와 물리적으로 떨어져 있는 것만을 의미하지는 않는다. 그보다는 정신적으로 자신에게 휴식을 주는 것이 중요하다.

취미나 사회적인 활동에 참여해 보자

내 자신이 행복해야 자녀와 가족도 행복해지게 마련이다. 스스로 즐거울 수 있는 다양한 활동을 찾아 참여해 보자. 삶에 활력을 줄 뿐만 아니라 자녀에게도 좋은 모델이 될 수 있다.

현재 속해 있는 집단에서 능동적인 역할을 맡아 보자

자녀의 부모로서가 아니라 한 개인으로서 다른 역할을 해 봄으로써 스스로 얼마나 소중하고 능력 있는 사람인가를 아는 기회를 만든다. 이것은 자녀와의 관계에도 긍정적인 영향을 준다.

친구가 주는 위안과 도움을 받아 보자

우정을 지켜 가는 것이 중요하다. 가까운 친구에게 속마음을 털어놓는 것만으로도 생활에 많은 활력이 생긴다. 나를 잘 알고 걱정해 주는 사람은 기댈 어깨가 되어 줄 뿐 아니라 나의 문제를 새로운 시각에서 보게 해 줄 수 있다.

{ 전문적인 치료가 필요한 경우도 있다 }

아동이나 부모 모두 다양한 노력을 해 보았지만 상황이 나아지지 않는 경우는 전문적인 치료를 고려할 수 있다. 전문적인 치료가 필요한 경우의 기준은 다음과 같다.

- 불안감이 줄어들지 않고 더 많은 것들이 불안해지는 경우
- 회피행동이 심해지고 많아지는 경우
- 학교 가기를 심하게 거부하는 경우
- 아동의 나이에 적합한 다양한 활동 친구들과의 놀이나 다양한 사회활동에 참여하는 것들을 거부하는 경우
- 집에만 있으려고 하고 밖에 나가려 하지 않는 경우
- 심하게 우울해하는 경우
- 자살에 대해 이야기하는 경우

전문적인 치료에는 심리치료나 약물치료, 부모교육 및 부모상담, 가족치료, 유사한 어려움을 겪고 있는 아동이나 부모로 구성된 자조그룹에 참여하는 방법 등이 있다. 이러한 치료를 위해서는 심리학자나 소아정신과 의사를 만나 아동의 어려움을 정확히 진단, 처방받아 적절한 치료를 시작해야 한다. 생물학적 요소가 불안장애에 큰 영향을 미친다는 과학적 근거가 많으므로 약물치료의 효과도 기대해 볼 만하다. 또한 아동의 경우 부모와 가족의 영향이 크므로 반드시 부모와 가족의 변화도 동반돼야 아동이 변화한다는 것을 잊지 말아야 할 것이다.

[불안의 사다리]

불안에 대한 행동주의적 치료방법 중 체계적 둔감법이 있다. 이는 불안의 위계를 작성해 이완요법과 함께 훈련하면서 위계가 낮은 것부터 높은 것으로 하나씩 하나씩 극복해 나가는 것을 말한다. 아동의 불안에도 이를 응용해 볼 수 있다. 아이가 무서워하거나 두려워하는 대상(상황)을 여러 가지 생각해 보고, 이를 무서운 정도에 따라 순위를 매겨본다. 가장 덜 무서워하는 대상(상황)이 맨 밑 계단에 있다고 생각하고, 마지막 맨 위에 있는 계단에는 가장 무서워하는 대상(상황)이 있다고 가정한다. 아이에게 사다리의 맨 하단부터 시작해서 한 번에 한 계단씩 오르게 한다. 만일 아이가 불안해하면 그때마다 이완요법을 활용해서 긴장을 풀게 하거나 아동이 편안하게 느낄 수 있는 이미지나 기억을 떠올리게 할 수도 있다. 이렇게 해서 불안이 낮아지고 편안해졌다면 다시 한 계단 올라가서 무서운 대상을 떠올리게 한다. 다시 이완하거나 이미지를 이용한 심상기법을 이용해 점차 편안한 마음이 되도록 돕는다. 이를 서너 번 반복하면 아동은 사다리의 다음 단을 예상하거나 체험하는 데 점차 편안함을 느끼게 된다. 아이가 잘한다고 해서 두세 계단을 뛰어넘게 해서는 안 된다. 중요한 것은 편안함을 느끼는 수준에서 시작해 천천히 다음 단계로 나아가는 것이다. 아이가 느끼는 불안의 수준이 갑자기 높아지거나 그 정도가 강해진다면 아이는 불안에 압도될 수 있다. 그러므로 불안을 조금씩 나누어 다룸으로써 스스로 불안을 통제할 수 있는 경험을 해 보는 것이 중요하다. 아이가 한 단계 한 단계 성공할 때마다 칭찬과 격려를 해 주는 것이 좋다. 아이가 스스로 해냈다는 자부심과 능력이 점차 향상된다는 것을 느낄수록 불안한 감정에 대한 자신감이 높아진다.

[불안에 대한 전문적인 치료 방법들]

불안이 일상생활을 방해할 정도로 심해진다면 좀 더 전문적인 방법을 고려해 보아야 한다. 전문적인 치료를 위해서는 심리상담기관이나 정신건강을 위한 보건기관, 정신과 병원 등을 찾아갈 수 있다. 일단 정확한 평가와 진단이 필요하다. 전문적인 치료를 해야 할 정도의 불안인지 아닌지에 대한 객관적인 평가와 기타 다른 어려움이 동반되고 있는 것은 아닌지, 어려움을 극복할 만한 다른 자원은 무엇이 있는지 등에 대한 다각적인 평가는 진단과 치료에 꼭 필요한 과정이다. 평가는 임상심리학자에 의한 임상심리평가와 다양한 심리검사를 실시하고, 전문의의 임상적인 평가가 함께 진행되어 종합적인 진단을 받게 된다. 불안장애 진단을 받은 후에는 임상 및 상담을 전공한 심리학자나 임상사

회복지사, 정신과 의사 등 수련을 받은 정신건강 전문가들에게 다음과 같은 전문치료를 받을 수 있다.

개인심리치료

불안을 경험하는 아동과 청소년을 대상으로 1:1의 심리치료가 진행된다. 치료기법에 따라 부정적이고 비합리적인 생각을 바꾸는 목적의 인지치료, 반복되는 회피행동과 위축행동들에 대한 변화를 시도하는 행동치료, 비합리적인 생각과 적응적이지 않은 행동을 함께 다루는 인지행동치료, 놀이를 통해 긴장과 불안을 이완시키고 억압된 문제를 해결하는 놀이치료 등이 있다.

약물치료

불안장애는 생리적이고 기질적인 요인이 작용하는 심리장애다. 따라서 대뇌의 화학적 전달자인 주요 신경전달물질의 수준에 영향을 줌으로써 뇌가 작동하는 방식을 변화시키는 방법이 약물치료다. 아직까지는 임상경험과 성인을 대상으로 한 연구결과에 근거해 아동과 청소년에게 약물을 처방하고 있다. 약물치료의 일반적인 한계인 부작용이 수반될 가능성도 있지만 임상장면에서 불안장애를 겪고 있는 아동과 청소년들이 약물치료로 많은 도움을 받고 있는 것은 점차 더 일반적인 일이 되고 있다.

부모교육(상담) 및 가족치료

불안장애가 유전적이고 생물학적인 요인의 영향을 받는 것만큼 환경의 영향을 받는 것도 사실이다. 아동·청소년기 자녀들에게 부모는 매일 접하며 일상적이고 빈번한 상호작용을 주고받는 주요 환경 요인이다. 그러므로 부모와 가족을 통한 환경의 변화는 불안장애를 겪고 있는 자녀들에게 중요한 변화를 가져오게 할 수 있으며, 불안장애를 다시 겪지 않도록 재발을 막아 주는 역할을 한다. 불안장애와 치료방법, 불안에 영향을 주는 요인 및 부모역할 등에 대한 다양한 지식과 경험을 통해 가족과 부모가 보조 치료자로서 기능할 수 있도록 도울 수 있다. 한편 가족관계에서 드러나지 않는 긴장감과 문제가 자녀에게 이어져 자녀의 문제행동으로 나타나는 경우도 있다. 자녀의 불안 증상이 자녀만의 것이 아니고 가족 모두의 것인데 그것을 자녀가 드러냈을 수도 있다는 의미다. 이 경우 가족치료에서 가족이나 부부의 문제시되는 패턴과 역동을 파악하고 이를 변화시키려는 개입을 통해 자녀의 증상을 완화시킬 수 있다.

자조집단

불안장애를 겪는 아동과 청소년들, 그 가족들이 함께 모여 서로의 이야기를 나누고 정보를 주고받는 자리는 자신만 겪는 어려움이 아니라는 위안과 함께 실제적인 치료적 도움과 격려를 받을 수 있어 효과적인 방법이 된다. 이들이 서로에게 주는 위안과 위로는 전문 치료사들이 주는 것과는 사뭇 다른 것으로 서로의 입장을 존중하고 공감하며 지지하는 데 기대 이상의 효과를 발휘한다. 요즘은 인터넷 등 시간과 거리를 고려하지 않아도 서로 소통할 수 있는 매체를 통해 자조집단을 형성하고 교류하는 것이 손쉽게 이루어지고 있는 추세다.

사회적 기술 훈련 집단치료

불안장애를 지닌 아동과 청소년들은 불안과 긴장, 위축된 행동으로 사회적인 활동을 스스로 줄이거나 제한하는 모습을 보인다. 따라서 친구들을 사귈 수 있는 기회가 점점 더 줄어들고 이는 친구 사귐의 방법을 학습하지 못하게 하여 결국 또 다시 사람들과 멀어지게 되는 악순환을 반복한다. 그러므로 또래들과 함께 어울리며 다양한 사회적 기술을 배울 수 있는 집단치료 프로그램에 참여하는 것은 기술을 습득하는 것뿐 아니라 그 자체로도 사람들과 어울리는 재미와 활력을 얻게 되어 일석이조의 효과를 가져올 수 있다. 다만 이것 하나만으로 큰 변화를 기대하는 것은 다소 무리이므로 동시에 다른 치료적 방법을 함께 시도하는 것이 좋다.

[선생님, 아직도 모르겠어요. 틱을 할 때, 자꾸 쓸데없는 질문을 할 때는 어떻게 하라는 말씀이세요?]

상담실에 근무하다 보면, 어머니들이 이런 질문을 하는 경우가 참 많다.

근심 어린 얼굴로 질문을 하면서 속 시원하게 대답을 해 주기를 바라는 어머니들이 대부분이다. 참고 참아도 없어지지 않고 계속되는 아이의 강박행동이나 틱 증상을 보면서 무너지는 어머니의 마음을 어찌 모를까……. 뭔가 한 방에 날려 버릴 수 있는 정답을 원하는 어머니들의 심정을 쉽게 짐작할 수 있다. 이와 같은 부모들을 만나는 저자들도 이런 마술 같은 약이나 처방이 있으면 좋겠다는 생각을 수도 없이 했으니 말이다. 그러나 현재로서는 이거다 하고 내놓을 수 있는 혁신적인 처방은 없다. 이런 대답에 부모들이 처음에는 실망하겠지만, 이 책을 처음부터 읽은 독자는 원리를 생각해 보면 그럴 수밖에 없다는 것을 알 것이다. 더 나아가 이 책에서 써 내려갔던 양육태도나 관계 양식들의 변화가 중요하다는 것도 다시 한 번 떠올릴 것이다.

아이들이 틱이나 강박사고(침투적 사고), 강박적인 행동을 보이는 원인은 무엇일까? 많은 학자들이 기질이나 유전과 같은 선천적인 요인과 생물학적인 요인, 환경적인 요인을 들어 설명하고 있지만 한눈에 쏙 들어오지 않는다. 그러나 많은 부모도 이런 현상의 이면에는 불안과 긴장이 있다는 사실을 이미 알고 있다. 다시 한 번 원리를 상기해 보도록 하자. 인간이 불안하고 긴장되면 일단 어떻게 해서든 방어하고 조절하려고 노력한다. 일차적으로 불안한 감정을 부정하거나 억제하는 방식을 사용해 보는데, 이런 과도한 노력이 오히려 불안을 다른 형태로 전이시켜서 틱이나 강박사고, 강박적인 행동으로 나타나게 되는 것이다. 그러므로 불안이 전이된 행동을 없애기 위해서는 불안을 없애야 하는 것이지 전이된 행동을 없애려 하는 것은 올바른 처방이 아니다. 그래서 틱을 보이는 아이에게 야단을 치거나 조심하라고 하면 아이는 모양새만 다른 틱을 보이는 경우를 많이 접할 수 있는 것이다. 즉, 입을 씰룩거리는 증상이 없어지면 고개를 젖히는 증상이 생기고, 이것을 못 하게 하면 눈동자를 굴리거나 코를 찡긋거리는 증상이 생긴다. 이것은 틱이라는 가면을 쓰는 사람에게서 가면을 강제로 뺏으면 다른 가면을 만들어 쓰려는 이치와 같다. 그러므로 가면을 쓰지 않게 하려면 가면 뒤에 숨은 얼굴에 자신감과 평온함을 갖게 하는 것이 가장 중요한 해결책이다.

틱이 불안증상이라는 것을 아는 부모들은 자녀에게 무엇이 불안한지, 걱정이 뭔지 터놓고 이야기해 보라는 식의 대화를 많이 시도한다. 그렇지만 번번이 잘 모르겠다고 하거나 잘못했다고 오히려 먼저 기가 죽는 아이들이 더 많다. 이것은 아이들이 가면을 왜 썼을까를 생각하면 쉽게 이해할 수 있는 대목이다. 즉, 걱정거리나 불안한 것을 해결하지는 못해도 터놓고 이야기할 수만 있다면 가면을 쓸 필요가 없다는 것이다. 그러므로 이런 아동에게는 가면을 강제로 빼앗거나, 가면에 대한 대화를 직접적으로 시도하는 것이 큰 부담이 될 수 있다. 이런 아동에게는 스스로 걱정거리나 불안한 것을 말로 표현하거나 다른 형태로 표현할 수 있도록 하는 것이 긴장을 덜어 주는 역할을 한다. 꼭 말로 하지 않아도 된다. 소리를 지르거나 던지는 행동, 종이를 찢는 행동이 모두 긴장을 이완시킬 수 있는 좋은 비언어적 행동이 될 수 있다. 불안한 아이들이 참고 위축되고 긴장된 모습으로 있다가 폭발하는 모습을 보면 많은 부모들이 걱정을 하지만 이런 기회를 자주 갖고 긴장이 줄어드는 모습을 관찰하면서 격려할 수 있어야 한다. 아이는 큰 용기를 내어 자신을 표현한 것이기 때문이다. 말로 100번 말하라고 하고 화를 내라고 하는 것보다는 아이가 직접 스스로 부정적인 감정을 말이나 행동으로 표현했을 때 안정적으로 인정해 주고 수용해 주는 것이 더 효과적이다. 아이가 틱을 심하게 보이거나 쓸데없어 보이는 생각을 질문할 때는 먼저 나서서 이를 제지하려 하거나 아무것도 아니니 이겨 내라는 식으로 아이를 몰아세우지 말자. 틱의 경우는 모른 척하며 일상적인 상호작용을 하면 되고, 쓸데없는 내용의 질문이나 말을 할 때는 아이가 편안해질 때까지 아이의 이야기를 들어 주면 된다. 그리고 아이가 특별히 걱정하는 것은 무엇인지, 해결하기 어려워하는 스트레스는 무엇인지에 대해 관찰하고, 아이와 대화할 수 있으면 아이의 속도에 맞게 대화해 나간다. 아이의 속도에 맞게 대화한다는 것은 아이가 말하고 싶은 만큼만 이야기한다는 것을 뜻한다. 아이가 자꾸 피하는 주제를 엄마가 지나치게 끝까지 따라가 정면 돌파하는 것은 좋지 않다. 불안을 느끼는 대상에 대해 이겨낼 수 있는 만큼의 이야기로 시작하면 점점 그 내용과 강도는 확대된다. 부모가 먼저 나서서 이야기하고 해결책도 마련해 주어서 그렇게 따르라는 식의 대화는 아이를 더 무력하고 수동적으로 만들고, 무엇보다 부모와 대화하고 싶지 않은 마음을 만들어 낸다. 그렇게 대화를 시도하려 해도 아이가 피하고 잘 안 된다는 부모들이 많다. 이 경우는 평소 사소한 일이라도 평온하고 자유롭게 표현하고 소통하고 있는지 먼저 살펴봐야 한다. 일반적으로 소통이 자연스럽거나 관계가 편안하지 않은 상태에서 문제를 터놓고 말하기는 어렵기 때문이다. 다른 방법은 신체적 긴장을 해소할 수 있는 다양한 방법을 접해 보는 것도 도움이 된다. 즉, 운동을 하거나 춤을 배우거나 가벼운 스트레칭을 하거나 체조를 하거나 이완법을 배우는 것도 도움이 된다. 아니면 집에서라도 편안하게 누워 있고, 장난감이나 책을 펼쳐 놓고 음악을 듣거나 노래를 흥얼거리는 등 자유롭게 움직이고 쉴 수 있도록 해 주는 것도 매우 좋다. 놀이터에서 한두 시간 충분히 놀게 허용해 주는 것도 좋고 욕조에 따뜻한 물을 받아 놓고 어린아이처럼 노는 것을 즐기게 하는 것도 좋다. 이런 모든 행동은 내적인 긴장을 해소하고 자기를 다양한 방법을 사용해 표현하는 것을 배울 수 있게 해 준다. 중요한 것은 아이가 스스로 즐기고 편안해하는 것을 허용해 주는 것이다. 이 모든 것이 아이의 불안과 긴장을 해소시키는 데 도움이 된다.

　만약 자녀가 청소년이나 대학생이라면 스스로 증상을 조절할 수 있도록 도울 수 있다. 결국 증상을 없애야 할 고질병으로 인식하지 않고, 자신이 인식할 수 있고 관리할 수 있는 능력이 있다는 것을 알고 주도할 수 있으면 되는 것이다. 관리하는 방법으로는 자신이 불안을 느끼는 대상과 현상을 인지하고 이를 적절히 해소할 수 있는 방안을 논리적이고 합리적으로 계획해 보고 실행해 보는 인지행동치료, 증상의 완화에 도움이 될 수 있는 약물치료, 신체적 긴장을 줄이고 평온함을 가져오는 신체이완훈련, 유사한 증상을 가진 사람들과의 자조집단이나 집단치료에 참여하는 방법 등 좀 더 전문적인 치료방법이 있다. 불안에 끌려다니는 것이 아니라 불안을 리드하는 사람으로 키우는 것이 부모로서 자녀를 도울 수 있는 최선의 방법이다.

Part 3

불안해하는 자녀를
가정에서 도울 수 있는 방법

Doll's House

스트레스를 줄여 주는 기법

자신감 및 자아존중감 향상시키기

감정 표현 방법(퍼포먼스식 예술활동)

자기주장 향상시키기

사회성 길러 주기−친구 사귐을 돕는 방법

강점과 긍정성을 키워 주는 놀이 방법

이제는 가정 내에서 부모들이 자녀와 실시할 수 있는 놀이를 소개하고자 한다. 불안의 증상뿐 아니라 그것이 영향을 미칠 수 있는 다른 사회적 영역에 대해서도 다룰 것이다. 이 책에 제시된 각각의 놀이를 모두 다 해야 하는 것일까 하는 궁금증을 가질 수도 있다. 모두 하지 않으면 안 되는 것은 아닐까 하는 불안을 느낄 수도 있다. 결코 그렇지 않다. 개인의 상황과 특성이 모두 다른 만큼 자신에게 가장 잘 맞는 놀이를 몇 가지 선택한다. 그러고 나서 아이와 함께한다면 이런 작은 시도가 결코 작은 행동만으로 끝나지 않을 것이다.

스트레스를 줄여 주는 기법

이완훈련
적극적 상상과 심상기법을 활용하기

이완훈련과 적극적인 상상 및 심상 훈련은 심리적인 불안과 스트레스 수준을 낮춰 주는 데 효과가 탁월하다. 이 장에서는 놀이적인 요소를 감안하여 가정에서도 손쉽게 즐길 수 있는 이완훈련과 적극적인 상상기법을 소개하고자 한다.

처음에는 부모가 시도하기에 쑥스럽고 분위기가 잘 안 잡힌다는 느낌이 들 수 있지만 일단 시작을 하고 나면 어느 순간 아이도 곧 적응한다는 것을 느낄 수 있다. 아이들은 그만큼 탄력성을 지녔고 상상력도 풍부해서 이미지를 그리도록 분위기를 만들면 의외로 잘 해낸다. 이완의 반응들을 유도하기 위해서 꼭 필요한 조건들이 있다. 첫째, 조용한 환경이어야 한다. 둘째, 구체적인 형식으로 계속 반복하는 운율이나 단어가 있어야 한다 예를 들면, 아주 낮고 조용한 목소리로 "나는 고요하고 평안하다. 나는 고요하고 평안하다." 를 두세 번 반복하여 읊조리는 것이다. 셋째, 배경이 될 수 있는 조용한 음악이 필요하다. 넷째, 편안한 자세를 취해야 한다. 실제로 이렇게 이완 훈련을 정기적으로 하고 나면 피부의 온도와 호흡, 심장박동, 불안 정도가 현저하게 좋아진다는 연구가 많이 있다.

음악 활용하기

잔잔한 음악은 이완을 증진시킨다고 밝혀져 있는데, 심장박동 수를 줄이고 이완 기법을 효과적으로 활용할 수 있도록 돕는 매개체 역할을 한다. 특히, 신체적인 변화를 측정할 때 바로크풍의 음악이 효과적으로 스트레스를 감소시킬 수 있다. 가정 내에서도 아이들을 위해 이런 음악을 배경으로 틀어 놓을 수 있고, 이완훈련을 할 때 함께 사용할 수도 있다.

심상기법: 이미지 여행

이제부터는 음악을 활용하면서 심상기법을 통해 이완하는 구체적인 방법에 대해 소개할 것이다. 아이들에게도 미리 설명을 해 주는 것이 좋다. "민서야, 오늘 엄마랑 색다른 활동을 해 볼 거야. 사람은 살다 보면 근육도 마음도 늘 긴장되어 있단다. 가끔은 긴장된 근육과 마음을 편안하게 만들어 줄 필요가 있는데 이런 것을 이완훈련이라고 해. 일단 의자에 편안히 기대 앉아 보렴. 눈을 감고 음악을 들어 봐. 엄마가 상상 속 이야기를 들려줄 텐데 한번 잘 들어보고 엄마가 들려주는 이야기를 머릿속에 그림처럼 그려 보렴. 엄마가 하는 이야기를 그대로 잘 따라가는 것이 중요해." 이런 이완활동을 해 보면 알겠지만 아이들이 좀처럼 엄마의 지시를 잘 따르지 않을 수도 있다. 놀이활동을 할 때 아이들이 보이는 태도는 평상시에 아이들이 엄마의 지시를 잘 따르는지 아닌지를 판가름할 수 있는 척도가 되기도 한다. 아이들이 이런 엄마의 지시에 잘 따르는 경우는 어릴 적부터 엄마가 상호작용을 자주 해 주고 놀아 주었던 경우다. 그만큼 쌓아 놓은 좋은 관계가 있을 때 엄마의 지시를 따를 수 있다는 것이다. 엄마의 지시를 잘 따르지 않더라

도 조금 참고 기다려 주는 것이 새로운 관계 형성에 밑거름이 된다. 부모가 자녀와 치료적 활동을 할 때 가장 중요한 것은 '재미'다. 아이들에게 접근할 때는 마치 학습을 시키듯 딱딱하고 어렵게 하는 것보다 놀이처럼 하는 것이 좋다. 집에서 할 경우는 의자에 앉아서 하는 것보다 이불에 누워서 하는 것이 아이들이 더 이완이 잘되고 편안해 한다. 다음에 다양한 심상을 상상할 수 있는 이야기를 소개한다. 자녀가 좋아할 만한 이야기를 골라서 사용하고 일주일에 한 번씩 여러 번 해 보는 것이 좋다.

[좋은 소식, 바로 나!]

목표: 자신을 특별한 사람이라고 느끼고 만족해할 수 있도록 돕는다.

천천히 숨을 내쉴 때마다 방이 점점 고요해집니다. 자, 여러분이 앉아 있는 의자가 점점 부드러운 둥그런 의자로 바뀝니다. 지금 여러분의 무릎 위에 오늘 신문이 놓여 있습니다. 첫 번째 장에 머리기사로 "나는 고요하고 평안하다."라는 말이 크게 적혀 있습니다. 여러분이 이런 단어를 보거나 들으면 평안하고 고요해집니다. 이런 마술적인 힘을 가진 단어 아래에는 무언가 특별한 일을 해낸 젊은 사람의 사진이 있습니다. 사진을 자세히 들여다보니 바로 나입니다. 오늘의 특종이네요. 무언가 특별한 일을 해냈군요! 목표나 꿈을 달성하기 위해 당신의 특별한 재능을 사용했네요. 승자나 영웅, 열심히 일하는 사람으로 신문에서 인정을 받았습니다. 천천히 숨을 쉬고 나에 대한 좋은 소식을 읽어 보세요. (잠시 멈춤) 기분이 어떤가요? (멈춤) 세 번 반복해서 따라 말해 보세요. "나는 좋은 소식이다. 나는 좋은 소식이다. 나는 좋은 소식이다." (멈춤) 신문을 덮으세요. 여러분은 많은 재주를 가졌고 꿈을 이룰 만큼 열심히 일할 수도 있습니다. 다음 번에 다시 신문을 볼 때 좋은 소식에 대해 생각해 보세요. 깊게 숨을 쉽니다. 다시 방으로 돌아왔습니다. 눈을 뜨고 기지개를 펴세요. (멈춤) 조금 있으면 이완과 함께 좋은 기분이 살아날 겁니다.

토론거리: 여러분 자신에 대한 좋은 소식을 읽은 기분이 어떠했나요? 여러분에 대한 좋은 소식이 무엇이었지요?

[낚시 이야기]

목표: 아이들에게 인내심이나 꾸준히 노력하는 것의 중요성에 대한 메시지를 준다.

편안히 앉아 눈을 감고 세 번 깊고 긴 한숨을 쉬어 봅니다. (멈춤) 숨을 쉴 때마다 점점 더 이완되고 편안해지는 것을 느껴 봅시다. 음악의 리듬이 여러분을 편안하게 해 줍니다. 내 안의 나에게 세 번 말해 봅시다. "나는 고요하고 편안하다. 나는 고요하고 편안하다. 나는 고요하고 편안하다." 여러분은 작고 아름다운 호숫가 옆에 서 있습니다. 아주 덥고 늘어지는 여름날 낚싯대와 미끼 통만 들고 혼자 이곳에 왔습니다. 해안가를 따라 걸어 봅시다. 작은 물결이 해안가에 철썩 부딪치는 소리를 들어 봅시다. 햇볕이 머리와 팔에 내리쬐는 것을 느껴 봅니다. 햇빛이 물결 위에서 반짝거리는 것을 바라봅시다. 크게 숨을 들이마시며 신선한 호숫가 바람 내음을 맡아 봅시다. 물고기 냄새가 나는 것 같습니다. 물고기가 많은 것 같습니다. 여러분은 큰 물고기를 낚고 싶겠지요. 물가에 언덕이 있습니다. 그곳에 나무가 있습니다. 커다란 나무의 그늘이 시원하게 해 줄 것만 같습니다. 앉아서 쉬면서 물고기를 낚기에 좋은 장소입니다. 옥수수나 다른 미끼를 고리에 겁니다. 아래로 물고기가 당기는지 볼 수 있게 봉도 달아 놓습니다. 정확하게 낚싯대를 던졌습니다. 커다란 나무에 기대앉아 편안히 있어 봅시다. 심장박동과 호흡이 차분해집니다. 앗! 봉이 움직이기 시작합니다. 부드럽게 위아래로 움직입니다. 새의 노랫소리도 들립니다. 태양은 머리 위를 바로 내리쬡니다. 이제 걱정은 모두 내려놓고 그저 편안한 마음으로 봉의 움직임을 바라봅니다. 몇 개의 조약돌이 보입니다. 그것을 물에 던져 물수제비를 뜨는 소리를 들어 봅니다. 작은 돌의 소리, 중간 크기 돌의 소리, 이제 큰 조약돌을 던지고 소리를 들어 봅시다. 해가 지려고 합니다. 하늘은 오렌지빛으로 물들었습니다. 새가 먹이를 찾기 위해 물가를 떠돕니다. 귀뚜라미가 울기 시작하고 백합 잎사귀 위에 앉은 개구리의 소리도 들립니다. 천천히 낚싯대를 올려 봅시다. 고기를 잡지 못했다고 실망하지 마세요. 자연과 함께 홀로 고요한 시간을 보낸 것에 기뻐합시다. 낚싯대를 들어올려 보니 문구가 써 있는 종이가 고리에 걸려 있습니다. 천천히 숨을 들이마시고 그 메시지를 자신에게 세 번 들려줍니다. "나는 끊임없는 인내심을 갖고 있다. 나는 끊임없는 인내심을 갖고 있다. 나는 끊임없는 인내심을 갖고 있다." (멈춤) 이 메시지는 여러분이 고기를 낚지 못했어도 결코 포기하지 않은 것에 대해 자랑스럽게 느끼도록 해 줍니다. 계속 노력해야 하는 것을 기억합시다. 천천히 숨을 쉬고 방으로 돌아옵시다. 눈을 뜨고 기지개를 폅니다. (멈춤) 몇 분 후 이완과 함께 좋은 기분을 느낄 수 있습니다.

토론거리: 여러분이 인내심을 발휘했던 일에 대해 생각나는 대로 말해 보세요. 어떤 일이 있었나요? 좌절할 때 여러분이 시도하는 긍정적인 생각의 단계는 어떤 것이 있나요?

[즐거운 꿈]

목표: 잠자기 전에 긍정적인 생각을 하기 위해 심상기법을 통해서 이완훈련을 한다.

발을 땅에 붙이고 편안히 앉아서 눈을 감아 보세요. 깊고 긴 한숨을 세 번 쉬세요. (멈춤) 각 숨을 쉴 때마다 점점 편안해집니다. 음악의 리듬에 맞추어 편안함을 느껴 봅니다. 근육이 이완되고 심장박동과 호흡이 느려지는 것이 느껴집니다. 내 안의 나에게 말해 봅시다. "나는 고요하고 평안하다. 나는 고요하고 평안하다. 나는 고요하고 평안하다." 오늘 하루는 무척 바쁜 날이었지만 이제는 잠자리에 들 시간입니다. 초인종 소리가 들립니다. 문을 열고 나가 봅니다. 그러나 아무도 없습니다. 아래를 내려다보니 네모난 상자가 문 앞에 놓여 있습니다. 그 옆에는 세모난 모양의 작은 상자가 있습니다. 상자는 모두 색깔이 바뀌는 포장지에 싸여 있습니다. 그 상자를 들고 움직이면서 따뜻하고 신기한 느낌을 가져 봅니다. 편안한 숨을 쉬면서 네모난 상자의 리본을 풀었습니다. 상자를 열어 보니 두 개의 물건이 각각 다른 종이에 싸여 있습니다. 하나를 풀어 보니 내 발 크기의 빨간색 슬리퍼 한 켤레가 들어 있습니다. 앉아서 슬리퍼를 신고 슬리퍼를 신은 발을 내려다봅니다. 그리고 따뜻함과 편안함을 느껴 봅시다. 편안해지기 시작하면 슬리퍼 색깔이 점점 변합니다. 천천히 깊게 숨을 들이마시면 긴장이 완전히 사라지는 것을 느낍니다. 여러분의 발가락, 발목, 종아리, 무릎 그리고 허벅지…… 하체가 완전히 편안해지면 슬리퍼가 여러분이 가장 좋아하는 색으로 변합니다. 자, 이번엔 종이에 싸인 다른 것을 풀어 봅시다. 아…… 그 안에는 왕자나 공주가 입는 멋진 잠옷이 들어 있습니다. 자, 손으로 잡아 들고 가운의 색깔과 모양을 잘 살펴봅시다. 가운은 밝은 금빛 실로 수놓아져 있습니다. 숨을 들이마시고 그대로 있어 봅시다. 어깨 위로 마술 잠옷 가운이 걸쳐져 있고 숨을 쉴 때마다 단추를 잠가 봅시다. 금실이 방 안의 불빛을 빨아들이면서 내 몸을 따뜻하게 해 줍니다. 팔, 어깨, 가슴 그리고 상체가 완전히 긴장으로부터 자유로워지는 것을 느낍니다. 자, 여러분은 고요하고 평안합니다. 이제 다시 팔을 뻗어 세모난 상자를 열어 봅니다. 그 안에는 고깔 모양의 반짝이는 멋진 모자가 있습니다. 모자를 머리에 올려놓습니다. 이 모자는 우리 마음을 이완시켜 주고 행복감과 평화로운 생각에 집중하게 도와줍니다. 생각하고 싶은 좋은 것들이 너무나 많이 있습니다. 잠시 동안 나를 기분 좋게 해 주는 것 한 가지를 생각해 봅시다. (멈춤) 자, 지금은 불을 끄고 잠잘 시간입니다. 천천히 숨을 쉬고 내 안의 나에게 세 번 말해 봅시다. "나는 밤에 쉽게 잠들 수 있다. 나는 밤에 쉽게 잠들 수 있다. 나는 밤에 쉽게 잠들 수 있다." (멈춤) 숨을 천천히 마셨다 내뱉었다 해 봅시다. 문 앞에다 마술 옷을 두고 간 사람이 무언가 여러분에게 이야기하고 싶어 합니다. 밤마다 잠자리에 들기 전, 여러분의 잠옷이나 가운을 잘 보세요. 그리고 여러분을 기분 좋게 만들어 주는 한 가지를 생각해 보세요. 긍정적인 생각으로 잠들면 잠도 잘 오고 상쾌하게 깰 수 있습니다. 크게 숨을 쉬고 방으로 돌아옵시다. 눈을 뜨고 기지개를 펴세요. (멈춤) 몇 분간 평온함을 느껴 봅시다.

토론거리: 잠자려고 애쓰는 동안 긍정적인 생각을 만드는 것이 왜 도움이 될까요? 오늘 밤 사용할 수 있는 긍정적인 생각의 종류는 무엇이 있을까요? 만약 누군가 편안함을 도와주기 위해 소포를 가져왔다면 거기에는 무엇이 들어 있을까요?

놀이기법 활용하기

아이들은 외부의 세상이, 그리고 나를 두렵게 만드는 무엇인가가 자신들을 괴롭히고 걱정하게 만든다고 생각한다. 기본적으로 불안 성향이 많은 기질을 타고나는 아이들도 있다. 기질에 좋은 기질과 나쁜 기질이 없듯이 이런 성향의 아이들은 그대로 인정받고 수용되는 것이 중요하다. 기질적으로 불안한 성향을 많이 가진 아이들은 다음의 놀이를 반복적으로 하면 도움이 된다. 단순히 비눗방울을 사용하는 놀이인데, 요즘 문구점에서도 비눗방울을 크게 불 수 있는 도구를 판매하고 있어 쉽게 이용할 수 있다. 작은 비눗방울을 만드는 것도 아이들 모두가 좋아하는 놀이 중 하나이지만 여기서는 크게 부는 것에 중점을 둔다. 비눗방울은 아이들을 환상의 세계에 빠져들게도 하지만 큰 비눗방울을 만드는 활동만으로도 심리적으로 이완되고 즐거움을 만끽할 수 있다. 누가누가 더 크게 만드나 대회를 열어도 좋고, 땅에 떨어지지 않게 오래 버티는 대회를 열어도 아이들은 신나 한다. 이 놀이에서는 비눗방울로 대포알을 만드는 활동을 추가한다. 비눗방울을 크게 불면서 엄마가 이렇게 말해 준다. "적군이 공격한다. 대포알 발사! 아군이여, 대

포알을 물리쳐라! 부수어라!"
그 순간부터 아이들에게는 비
눗방울이 곧 대포알로 변한다.
대포알을 부수듯 공격적이고
적극적으로 비눗방울을 향해 돌진한다. 그리고 비눗방울들을 터
뜨리며 바쁘게 움직이기 시작한다. 이 놀이에서 아이들은 자신을
괴롭히는 그 무언가를 떠올리며 그 적군을 물리치는 기분으로 비
눗방울을 터뜨린다. 이런 간접적인 놀이가 아이들에게는 카타르
시스가 된다. 학령기 아이들에게는 이 놀이를 하고 나서 인지적인
작업도 함께 접근할 수 있다. "은우야, 아까 너를 공격했던 적군,

그 대포알이 뭐라고 생각해?" 그렇지만 이런 질문을 섣불리 하지는 않기를 바란다. 왜냐하면 놀이를 한 그 자체만으로도 아이들은 이미 불안한 감정이 해소되고 충분히 정서적으로 이완되었기 때문이다. 한꺼번에 너무 많은 것을 얻으려고 하면 아무것도 얻지 못할 수 있다.

자신감 및 자아 존중감 향상시키기

자라나는 아동에게 가장 필요한 것은 자신에 대한 긍정적인 자아상과 자신감이다. 불안감을 쉽게 느끼는 아이들은 자신의 존재에 대한 불편감과 잔걱정이 많고 무엇을 할 수 있다는 자신감이 부족한 편이다. 반복적으로 해결되지 않은 불안 증상을 가지고 살아가다 보면 더 자신감이 떨어지고 부정적인 자아 개념을 가지게 된다.

자아존중감이 높고 자기 자신의 가치를 진실로 신뢰하면, 자신에게 열려 있는 세계를 경험하고 다가오는 도전과 기회에 대하여 적절히 대응할 수 있다. 긍정적인 자아존중감은 갈수록 경쟁적이고 복잡하며 도전적으로 변해 가고 있는 현대사회에 적응하기 위해 절대적으로 갖춰야 하는 삶의 자세다.

반면에 자아존중감이 낮으면 심리적 성장에 지장이 초래된다. 자아존중감이 낮으면 인생의 역경에 직면했을 때 정상적이고 건강한 상태로 돌아오는 회복력이 줄어들고 세상이 온통 근심과 좌절, 절망, 두려움의 대상으로 지각되기 쉽다.

자아존중감이 높으면 직업이나 재정적인 측면에서뿐만 아니라 일상적인 생활에서도 정서적, 창의적으로 풍요를 경험하는 반면, 자아존중감이 낮으면 성취하고자 하는 의욕도 줄어들고 다른 사람을 위협적인 존재로 인식하는 방어적인 경향이 있어 원만한 대인관계를 맺거나 사회생활에 적응하는 데 어려움이 있을 수 있다.

자아존중감의 발달 과정을 보면, 생후 1년 무렵 자아에 대한 인식이나 개념이 본격적으로 발달하기 시작하는데, 주로 주변 인물들이 자신을 대하는 평가 내용을 기초로 자신에 대한 가치감을 형성하기 시작한다. 3~4세경에는 자신의 운동기능이나 인지기능을 사용하여 스스로 어떤 일을 해결할 수 있게 되었을 때 숙달감을 갖는다. 일상생활의 여러 측면에서 숙달감을 획득한 유아는 이를 종합하여 자신에 대해 긍정적인 가치를 부여하며 성공에 대한 기대를 갖게 되는 자아존중감을 형성한다. 이후 아동기를 거치면서 형성된 숙달감과 자아존중감은 전 생애에 걸쳐 자신이 수행하는 일에 대한 유능성과 자신감에 지속적인 영향을 미친다.

자아존중감이 높은 아이들의 특징을 살펴보면 다음과 같은 긍정적이고 바람직한 발달적 특성이 두드러지게 나타나는 것을 알수 있다.

- 친구를 쉽게 사귄다.
- 매사에 적극적으로 참여한다.
- 새로운 과제에 자신 있게 접근한다.
- 자기 문제에만 사로잡혀 있지 않는다.
- 자기 의견을 뚜렷하고 소신 있게 표현한다.
- 또래의 비합리적인 압력에 쉽게 동조하지 않는다.

그렇다면 자신감은 어디서부터 오는 것인가? 자신의 존재에 대한 가치, 인정, 존중, 평가는 가정과 부모로부터 비롯된다. 최초의 정보원인 가족을 통해 얻는 긍정적·부정적 평가는 그 진위 여부를 떠나 하나의 엄연한 사실로 받아들여져서 각 개인의 정신적 자화상으로 각인된다. 특히 부모는 최초의 환경으로서 다른 어떤 인물보다도 자녀의 자아형성에 중요한 영향을 미친다.

생의 초기부터 부모는 적어도 세 측면에서 자녀의 자아 발달에 중요한 영향을 미친다. 부모는 자녀 행동의 일차적 모델 역할이고, 자녀로 하여금 자신이 타인에게 어떠한 영향을 미치는가를 알게 하는 피드백을 제공하며, 자녀에 대한 평가를 내리는 판단자적 기능을 한다. 부모가 자기 자신을 다룰 때나 자녀를 다룰 때 보이는 태도나 행동은 고스란히 자녀에게 자기 자신을 대하고 평가하는 방법을 가르친다. 예컨대, 자녀는 부모가 자신에게 사용한 말이나 억양을 거의 그대로 모방한다. 자녀가 "나는 착한 아이야. 나는 혼자서도 화장실에 갔다 왔어."라는 말을 했다면, 그것은 부모로부터 "너 혼자서도 화장실에 갔구나. 착하다."라는 말을 자주 들었기 때문이라고 볼 수 있다.

부모는 피드백 제공자, 평가자 역할을 한다. 유아는 어떤 행동을 한 후 그 결과에 대하여 자연적으로 평가를 받는다. 많은 경우 성인은 자녀의 행동에 대해 "참 잘했어." "넌 그걸 할 수 없을 거야." "야, 대단하구나." 등과 같은 언어적 평가를 내린다. 따라서 부모가 모델, 피드백 제공자, 평가자로서의 역할을 긍정적으로 수행할 때 자녀는 높은 자아존중감을 가질 것이고 그렇지 못할 때는 낮은 자아존중감을 가질 것이다. 이런 이유로 아이들이 자신의 불안을 잘 해소하기 위해 자신감과 자아존중감을 가질 수 있도록 도와야 하는데, 그 역할을 가장 잘할 수 있는 사람이 바로 부모다. 여기서는 아이들의 자신감을 키울 수 있는 반응과 놀이를 소개하고자 한다.

예쁜 노트를 하나 준비한다. 아이가 좋아하는 캐릭터가 그려진 노트라면 더욱 좋다. 그 노트는 이름하여 '칭찬 일지'다. 이 노트에 매일같이 꼭 해 주고 싶은 칭찬들을 적어 주는 것이다. 한 개라도 좋고 그 이상이면 더욱 좋다. 칭찬을 말로 해 주는 것도 매우 좋고 효과적이지만 글로 남겨서 기록하는 것만큼 칭찬을 오래도록 기억할 수 있는 방법은 없다. 날짜를 쓰고 그때그때 생각난 칭찬을 써 주어도 좋고 매일 밤 하루를 정리하면서 "나는 오늘 너의 이런

점을 칭찬해 주고 싶어."라고 말하며 써 주어도 좋다. 글을 읽지 못하는 미취학 아이들조차도 자신에 대한 칭찬이 하나의 '기록'으로 남겨지는 것에 대해서는 흐뭇한 미소를 짓는다. 자신감을 향상시킬 수 있는 칭찬은 '행위'에 대한 칭찬뿐 아니라 '존재' 자체에 대한 칭찬도 포함된다. 예를 들면, "네가 엄마를 도와 밥상에 수저를 놔 준 것 고마워."라는 것도 좋지만 "엄마는 너를 너답게 만들어 주는 눈 옆의 점이 너무 좋다." "머리띠가 잘 어울리는 곱슬머리가 너무 예뻐."라고 써 주는 것도 중요하다.

'공주 수첩 & 영웅 수첩- 포토존' 만들기

포토존이라고 해서 사진을 찍는 특별한 장소를 만들라는 것은 아니다. 단 어떤 형태로든 자신을 변장하고 꾸밀 수 있는 다양한 도구들을 채워 놓은 변장 상자를 만들어 보라는 것이다. 상자 안에는 보자기, 모자, 드레스, 왕관, 칼, 총, 레이스, 구두, 장갑, 끈, 영웅들의 모습을 본뜬 옷 costume 들을 넣어 둔다. 아동이 원할 때마다 바라는 대로 변장을 하는데, 이때 사진을 찍어 주는 것이 좋다. 사진을 인화해서 공주 수첩과 영웅 수첩을 만들어 준다. 사진을 붙이고 '눈 꽃 공주' '닌자 거북이' '슈퍼맨' 등 이름도 붙여 준다.

〈비밀의 화원〉이라는 소설에서 알 수 있듯이 자신만의 숨은 공간은 아이들의 심리적 성장을 키우는 매개체가 된다. 예전처럼 다락방이 있거나 가까운 동네에 자연 공간이 있는 것은 아니지만 집 안 구석구석에 아이들만의 특별한 공간을 함께 만들 수는 있다. 장

롱 속, 다용도실에 마련해 놓은 텐트, 창고 속, 이층 침대 밑, 혹은 커다란 상자로 만든 아지트, 가장 먼저 아이들에게 집안 어디에 특별한 비밀장소를 만들고 싶은지 묻는다. 아이들은 자신만의 공간을 부모가 인정해 준다는 것 자체만으로도 뿌듯함을 느끼고 가정 내에 자신이 주체가 되는 공간이 있다는 것에 자부심을 느낀다.

심부름시키기의 목적은 일을 시키는 것이 아니다. 아이들이 할 수 있는 작은 일을 함으로써 칭찬받고 성취감을 느끼게 하는 것이 중요하다. 아이들이 무슨 일을 할 수 있겠나 싶지만 여기저기에 할 수 있는 일이 널려 있다. 빨래 널기와 빨래 개키기, 밥상에 수저 놓기, 달걀이나 밀가루 반죽 섞기, 물 따르기 등 아이들이 하고 싶어 하는 집안일을 잘하든 못하든 할 수 있도록 허락해 주면 아이들은 금세 자신감에 넘쳐서 참여한다. 부모들은 간혹 아이들이 일을 돕는 것이 귀찮게 느껴지고 별로 능숙하지 않다는 이유로 참여를 독려하지 않는다. 그런데 정말 중요한 것은 아이들의 자신감이 아주 작은 활동을 통해서 시작되고 자란다는 점이다. 이제부터 집안 구석구석 아이들이 참여할 수 있는 잔심부름 거리를 찾아서 아이들이 해 볼 수 있도록 격려하고 그런 후에는 칭찬을 아끼지 말기를

바란다. 잔심부름을 시키는 것은 칭찬거리를 만들기 위한 수단이
기도 하다.

강한 손, 강한 발 그리기

아이들의 손과 발을 종이에 대고 그리는 것은 자주 하는 놀이다.
이 놀이를 아이들의 강점과 연결시켜서 강한 손과 강한 발을 만들
어 가는 것이다. 먼저 도화지에 아이들의 양손과 양발을 대고 그린
다. 일단 자신의 손과 발이 얼마나 자랐는지를 직접 눈으로 보는

것도 중요한 과정이다. 자신이 대단한 발전과 성장을 했다는 증거이기 때문이다. 부모는 때때로 아이들이 매우 빨리 자란다는 사실을 놓친다. 자녀는 한순간 커 버리고 매 순간 멈춰서 느껴 보지 않으면 그 시간은 다시 돌아오지 않는다. 아이의 손과 발을 그린 후에 엄마가 칭찬을 해 준다. "와! 은우야, 너의 손과 발이 정말 많이 자랐구나. 아기 때는 이것의 반만 했는데 이렇게 훌쩍 커 버렸네." 만약 전에 그렸던 손과 발이 있다면 비교를 해 보는 것도 좋다. "손과 발이 이렇게 자란 만큼 은우가 할 수 있는 것들도 많이 늘었지. 우리 이렇게 많이 자란 손과 발에 네가 잘하는 것들을 적어 볼까?

엄마도 너무 궁금한데. 우리 은우가 무엇을 잘할 수 있나 같이 생각해 볼까?' 그런 후 열 손가락과 열 발가락에 아이가 잘할 수 있는 것들을 적어 본다. 사실 스무 개를 적는다는 것이 결코 쉽지 않다. 반드시 한꺼번에 찾을 필요는 없고 우선 열 개를 채우고 나머지는 생각날 때마다 적자고 이야기하는 것도 좋다.

감정 표현 방법(퍼포먼스식 예술활동)

　불안이 높은 아이일수록 심리를 충분히 이완시킬 수 있는 놀이가 적합하다. 이와 같이 아이의 심리는 놀이를 통해서도 이완되지만 아이의 심리를 이완시키는 또 한 가지 활동은 예술활동이다. 특히 걱정도 많고 불안이 높으며 항상 잘하고 싶어하는 완벽주의 성향이 있는 아이들에게 가장 좋은 놀이는 찰흙 놀이라고 한다. 도자기를 굽는 것처럼 마음대로 흙을 주무르고 만지는 과정에서 마음이 충분히 이완될 수 있다. 지금부터는 예술활동을 통해서 아이들이 자신을 자유롭게 표현하고, 감정을 다루면서 심리적인 이완을 촉진하는 방법을 배워 보도록 하겠다.

색 화선지 찢기

　신문지나 종이를 박박 찢는 행동은 사람이 불안과 공격성을 자유롭게 표출할 수 있도록 도와준다. 여기서는 신문지 대신 색 화선지를 사용한다. 색 화선지는 다른 종이보다 더 얇아서 찢을 때 감촉이 좋고 신이 날 정도로 재미있다. 찢는 행위 자체가 사람을 이완시키고 긴장감을 해소시킨다. 찢은 색지는 붓으로 미리 물을 묻혀 놓은 도화지에 원하는 모양대로 올려놓는다. 그냥 던지듯이 올려놓아도 좋다. 그러면 색 화선지가 수분 때문에 종이에 달라붙는다. 색깔이 남도록 기다리는 동안에는 나머지 색 화선지를 잘게 찢어서 위로 던지는 놀이를 해도 좋다. 평소에 엄마가 청소를 두려워하여 자유롭게 종이를 찢지 못하게 했던 아이들에게는 이런 놀이만큼 자유로움을 느낄 수 있는 것도 없다. 이렇게 색지 흩뿌리기를 하고 난 후 아까 붙였던 색지를 떼어 내 보자. 하얀 도화지 위에 화선지 색깔이 곱게 물들어 있다. 여기서 아이들이 가장 좋아하는 부분은 바로 화선지를 찢고 던지는 활동이다. 그러므로 작품을 남겨야 한다는 것에 크게 신경을 쓰지 않도록 한다.

색설탕 만들기

하얀색 도화지를 마음에 드는 색깔의 파스텔로 모두 칠한다. 그런 다음 그 위에 설탕 한 컵을 뿌린다. 설탕을 매만지는 동안 파스텔이 입혀질 수 있도록 열심히 손으로 만지면서 섞는다. 이렇게 감촉을 느끼는 활동은 사람을 이완시켜 준다. 특히 미세한 설탕 입자를 먹는 것이 아니라 손으로 만진다는 것에 아이들이 흥미를 느낀다. 이렇게 설탕을 열심히 문지르다 보면 나중에는 색설탕이 나온다. 형형색색의 색설탕을 예쁜 유리병에 색깔별로 층지게 담아서 자신만의 작품을 만들 수도 있다. 예술활동은 그 행위 자체가 사람으로 하여금 스트레스를 해소할 수 있게 하고 심리적인 이완을 제공해 주며 창작활동을 함으로써 마음이 풍성해지는 경험을 제공한다.

자화상 콜라주

콜라주는 잡지나 사진들을 오려 붙여서 만드는 작품이다. 가정에서 잡지를 구독하지 않아도 중고책을 파는 책방이나 단골 미용실에 부탁해서 지난 잡지 한 권을 얻는 것은 그리 어려운 일이 아니다. "오늘은 나 자신을 꾸며 보는 거야. 그런데 특별하게 잡지에

서 마음에 드는 사진이나 그림을 오려 붙여서 만드는 거란다."라
고 설명해 준다. 그냥 자신을 그리라고 하는 것보다 사진의 이미지
를 골라서 표현하게 하면 좀 더 무의식적이고 투사적인 작품이 나
올 수 있다. 그리고 나를 표현하는 과정에 자유로움을 느낄 수 있
다는 장점도 있다. 콜라주를 통해서 자신의 새로운 모습을 발견할
수 있다.

요즘 아이들은 종이접기 활동을 쉽게 접한다. 이 활동은 소근육
을 길러 주고 공간지각력을 키워 주는 데 도움이 되어 학습 측면의
효과도 볼 수 있다. 이번에는 종이접기를 다른 형식으로 사용한다.
아이들이 가장 걱정하거나 염려하는 것, 혹은 불안해하는 것 등을
색종이 뒷면의 하얀 쪽에 적는다. 그런 후에 종이접기를 하는 것이
다. 펭귄, 물고기, 학, 코끼리 등의 동물이나 상자, 별, 딱지 등을 만
들 수 있다. 난이도에 따라서 다양한 종이접기가 가능하다. 이렇게
자신이 걱정하는 내용을 다른 동물이나 물건에 담는 것이다. 아동
에게는 자신의 걱정이나 불안을 상징적으로 다른 것에 옮겨 주는
활동이 된다. 이 활동을 하고 나면 아동에게 설명을 덧붙여 주는 것
도 좋다. 수학 시험 보는 것을 걱정하는 마음을 색종이 뒷면의 하얀

쪽에 적고 그것을 접어 고래를 만들었다면 다음과 같이 말해 준다. "은서야, 네가 수학 시험을 걱정하는 무거운 마음을 고래가 먹었네. 이제는 그 마음이 고래 것이 되었구나." 이런 상징적인 활동은 실제로 아이들의 마음을 가볍게 해 준다.

찰흙으로 형체 만들어 이름 붙이고 부수기

이번 활동은 종이접기와 흡사하다. 다만 종이접기와 다른 점은 찰흙활동을 한 후 강한 감정을 분출하며 부수는 작업을 한다는 것이다. 일단은 찰흙으로 자신이 싫어하는 형체를 만든다. 예를 들어, 아이가 개구리를 무서워한다면 개구리를 만든다. 그런 후에 개구리를 때리고 찰흙을 뭉개서 부수어 버린다. 실체가 있는 것을 두려워하거나 싫어한다면 그것을 직접 만들어서 부술 수도 있지만 만약 추상적인 것이라면 일단 싫어하는 형체를 만든 후에 그 형체에 이름을 붙여서 때릴 수도 있다. 예를 들어, 교통사고를 당한 적이 있는 아이는 자동차를 볼 때마다 걱정이 된다. 그럴 때는 자동차를 만든 후에 만든 자동차를 부술 수 있다. 또 친구가 자신을 놀려서 걱정되고 속상하다면 친구 형상처럼 만들 수도 있다. 혹은 엄마와 떨어지는 것을 두려워한다면 싫어하는 형체를 아무것이나 골라서 만들게 한다. 그런 후에 엄마와 떨어지기 싫은 마음에 이름을 붙여 보라고 한다. 만약 아동이 '껌딱지' 라는 이름을 붙였다면 찰흙으로 만든 형체에 '껌딱지' 라는 이름을 붙여 준 후에 이 찰흙을 부수게 한다.

'공격만땅' 쿠키는 특별히 아이가 기분이 상해 있거나 화가 나있을 때 만들면 더욱 효과적이다. 불안이 높은 아이들은 자신의 부정적인 감정을 잘 노출하지 못하고 밖으로 표현하지 않기 때문에

더 유용하다. '공격만땅' 쿠키를 위해서는 커다란 그릇과 쿠키를 구울 수 있는 판이 필요하고 재료는 다음과 같다.

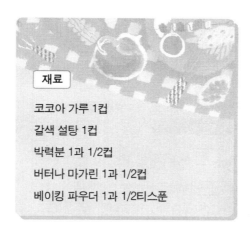

재료

코코아 가루 1컵
갈색 설탕 1컵
박력분 1과 1/2컵
버터나 마가린 1과 1/2컵
베이킹 파우더 1과 1/2티스푼

커다란 그릇에 모든 재료를 넣은 다음부터는 아이들 담당이다. 아이들이 이 반죽을 섞고 치고 때리고 내던지고 하면 할수록 쿠키의 맛은 좋아진다. 오븐을 200도 정도로 예열한 뒤에 10~12분 정도 구우면 된다. 오븐이 없다면 후라이팬을 약한 불로 오래 가열하면서 이용할 수 있다. 아이들에게 다음과 같이 이야기해 준다. "이 쿠키는 이름이 공격만땅 쿠키야. 네가 치고 던지고 때리고 세게 내려칠수록 쿠키가 맛있게 만들어진단다. 이 쿠키에 네가 화풀이를 하면 할수록 이 쿠키가 맛있어지는 거지. 얼마나 맛있게 만들 수 있는지 한번 볼까?" 아이들은 자신이 직접 요리에 참여한다는 사실에 가장 즐거워한다. 쿠키에 이름을 써서 구워도 좋다.

심리적으로 불안한 아이들은 자신들의 부정적인 감정에 대해서 표현을 못하지만, 긍정적인 감정에 대해서도 지속적으로 인정받거나 수용되지 못하는 경우 스트레스가 지속될 수 있다. 아이들이 긍정적인 경험을 할 때는 이를 놓치지 않고 증거 자료로 남기는 것이 중요한데 그중 하나의 방법으로 '행복한 ○○ 얼굴' 샌드위치를 만드는 것이다. 아이들의 이름을 넣어서 "승현아…… 오늘 친

구랑 재미있게 놀아서 그런지 기분이 좋아 보이네. 우리 행복한 승현이 얼굴 샌드위치를 만들어 볼까?"라고 하면서 재미있는 활동을 유도할 수 있다.

필요한 재료는 식빵과 땅콩잼, 혹은 치즈나 버터 아이들의 취향에 따라서 고 를 수 있다, 건포도와 초콜릿 칩 등이고, 아이들이 사용할 수 있는 버터 나이프도 준비한다. "식빵에 지금의 행복한 네 얼굴을 표현해 보는 거야."라고 한 후에 "어떤 색으로 얼굴을 표현하고 싶니?"라고 물어보아 자신이 원하는 치즈나 버터 혹은 딸기잼, 땅콩잼을 바르게 한다. 그런 다음 건포도와 초콜릿 칩 혹은 잣, 아몬드 등 가정 내에서 쉽게 얻을 수 있고 아이들이 좋아하는 재료로 눈과 코, 입 등을 표현하여 행복한 얼굴 표정을 꾸미게 한다.

자기주장 향상시키기

TV에서 방영했던 프로그램 중에도 주인공이 일주일 동안 만 원을 가지고 버티며 사는 내용의 〈만 원의 행복〉이라는 프로그램이 있었다. 그것에 착안하여 만든 놀이다. 자기주장을 향상시키기 위한 것인 만큼 만 원을 주되 미취학 아동에게는 가짜 돈을 주고 학령

기 아동에게는 진짜 만 원을 준다. 단, 학령기 아동도 만 원을 가지고 있게 하지는 말고 부모에게 맡겨 두게 한다. 그때그때 자신이 돈이 필요하다고 생각하면, 예를 들어 음료수를 사서 마시고 싶거나 카드나 스티커를 사고 싶고 간식을 먹고 싶을 때 엄마에게 '만 원의 행복'을 외친다. 그러면 엄마는 아이에게 산 액수만큼 줄어든 돈을 알려 주고 금전출납부 노트에도 적는다. 직접 물건을 사고 거스름돈을 받는 연습도 해 볼 수 있다. 엄마는 아이가 자주 무엇을 사 달라고 조르는 것에서 해방되고 아이들도 늘 조르기만 한다고 생각하는 불편감에서 벗어나 당당해질 수 있다.

이 놀이는 협소한 공간과 지루한 시간을 벗어날 수 있게 돕는 좋은 놀이 방법이다. 특히 막히는 차 속에서 하기에 가장 적당한 놀이기도 하다. 아이들이 끝말잇기를 하다 보면 끝말과 첫말에 혼동을 느끼는 경우가 있다. 이 놀이는 끝말잇기가 아니고 그냥 말잇기이므로 원하는 글자를 따와서 말을 이으면 된다. 한 예로, 고리-고구마-구두-구슬-구멍-멍게-멍석과 같이 할 수 있다. 아이들에게 끝말을 이어야 한다는 부담감과 한계를 주지 않아서 편하게 할 수 있고 아이들의 단어에 대한 자신감도 향상된다. 아이들이 모를 법하다고 생각한 단어를 말하는 경우는 절대 지나치지 말고 칭찬해 주는 것이 무엇보다 중요하다.

구청 등의 기관에 가면 건의함을 만들어 놓은 것을 볼 수 있다. 가정 내에서도 아이들의 목소리를 인정해 주고 의사소통의 창구로 활용할 수 있는 방법 중 하나가 '우리의 소리함' 이다. 아이들이 부모나 형제자매에게 서로 건의하고 싶은 내용, 전달하고픈 이야기가 있을 때 소리함 속에다 넣도록 하는 것이다. 이 내용은 모두

비밀로 할 것이며 요구한 사항들이 시정될 만한 것이라고 판단되면 원하는 대로 고쳐 줄 것이라는 희망의 메시지도 전달해 주어야 한다. 건의함 같은 기능을 하는 소리함인데도 미취학 아동인 경우에는 자신이 쓸 줄 아는 말이 '사랑해' 밖에 없어서 가족 구성원들에게 '사랑의 메시지'를 전달하기도 한다. 그렇지만 학령기에 접어들면 '다른 친구들보다 게임을 할 수 있는 시간이 적어요. 게임을 좀 더 할 수 있게 해 주세요.'라는 요구사항을 적어 넣기도 한다. 소리함은 간접적인 방법이지만 자신들의 의견이나 생각을 적어 넣을 수 있고, 이런 부분이 인정되고 원하는 대로 바뀌는 경험은 자신의 의견을 좀 더 적극적으로 요구하는 의사소통방법을 발전시키도록 도울 수 있다.

식당에서 음식 주문하기

    요즘 가족들은 외식을 자주 한다. 그런데 외식을 할 때 아이들이 식당에 가서 자신의 음식을 스스로 주문하는 기회를 가지지 못하는 경우가 대부분이다. '집에서도 새는 바가지 밖에서도 샌다.' 라는 우리의 옛 속담처럼 가정 내에서의 행동과 인격은 밖에서도 드러나게 되어 있다. 이런 점을 감안할 때 아이들이 자신들의 의견을 가정 내에서나 밖에서 잘 주장할 수 있도록 하기 위해서는 가정 내에서 부모들이 아이들의 의견을 잘 들어 주고 수용해 주어야 함과

동시에 밖에서도 아이들의 의견이 잘 수렴되고 수용되는 경험을 확대해 주어야 한다. 이러한 수용의 경험은 사회성을 기르는 데까지 영향을 미친다. 아이가 메뉴판을 보고 자신이 먹고 싶은 것을 고른 후에 선택한 메뉴를 직접 주문해 보도록 허용해 주는 것도 중요하다. 그까짓 작은 배려가 무슨 큰 영향력을 행사하겠나 싶지만 사람의 자존감은 아주 작은 행동과 배려에서 형성되기도 하고 무너지기도 한다는 것을 기억해야 한다.

사회성 길러 주기-친구 사귐을 돕는 방법

불안한 아동과 사회성이 특별히 무슨 관련이 있을까 싶지만 불안이 높은 아이들은 대인관계에 대한 불안도 함께 있는 경향이 많기 때문에 사회성 발달이 미숙한 경우가 있다. 또한 불안한 특성이 있는 아동들은 언어로 자기 의사를 표현하는 것에 자신감이 떨어지는 경우가 있다. 이런 특성은 또래들과의 관계에서 갈등을 해결하거나 문제에 대처하는 데 어려움을 유발할 수 있다. 특히 불안장애 가운데 틱장애를 보이는 아동의 경우 사회생활에서 몇 가지 특성을 보일 수 있다. 첫째, 또래와의 관계 문제를 다소 공격적인 방식으로 해결하려 할 수 있다. 둘째, 자신의 감정을 통제하는 데 어려움을 겪고, 쉽게 신경질이나 짜증을 낼 수 있다. 셋째, 쉽게 넘어 갈 수 있는 상황을 크게 확대해서 받아들이고 예민하게 반응한다. 넷째, 또래들이 어울리고 있을 때 불쑥 끼어들기도 하고 쉽게 상처 받기도 한다. 다섯째, 놀이에 참여할 때 규칙을 무시하기도 하고 친구들의 의견을 듣거나 따르지 않을 수 있다. 이외에도 불안한 아이들은 또래가 자신의 불안과 관련된 행동이나 증상(틱, 안절부절 못하는 행동, 산만함, 시선 접촉을 피하는 행동 등)을 가지고 놀리거나 언급하면 더욱 위축되고 상호작용의 기회를 놓치게 될 수 있다. 이런 과정들은 악순환되므로 불안한 특성이 있는 아동들에게 예방 차원이나 치료적 차원에서 사회성 기술을 증진시켜 주는 것은 중요한 접근 중 하나다. 아이가 불안한 성향이 있고 또래관계에서 유독 걱정이 많거나 힘들어한다면 부모가 가정 내에서 이런 놀이를 함께해 줌으로써 아이들이 사회성에 대한 자신감을 획득할 수 있도록 도울 수 있다.

사람들 간의 관계는 기본적으로 대화를 통해서 시작된다. 아이들과 전화 통화를 하면서 일상적인 이야기를 나누면 아이들이 대인관계에 대한 자신감을 조금씩 습득할 수 있다. 이때 아이들은 종

이컵으로 전화기를 만들어서 하는 것보다 직접 전화기를 사용하는 것을 더 현실감 있게 느낀다. 부모가 다른 방에서 휴대전화를 사용하여 집으로 전화를 건다. "은서야, 엄마가 집으로 전화를 걸 거야. 네가 받아. 엄마가 전화로 긴히 할 얘기가 있어서 그래." 아이들은 새로운 활동 자체에 흥미를 보이기 때문에 엄마의 이런 새로운 시도를 반가워할 것이다. 아이가 전화를 받으면 이런저런 이야기를 하면서 학교생활이나 친구관계에 대해서 물어볼 수 있다. 얼굴을 직접 보고 이야기하면 잘 하지 못하는 이야기도 전화로 하면 아이들이 좀 더 편하게 말하는 경우가 많다. 여태껏 해 보지 않은 깊은 이야기를 나누어 보고 싶다면 전화를 활용하자.

요즘 아이들은 친구관계에 매우 집착하지만 친구관계가 긴밀하거나 깊다고 느끼지 못하는 경우가 많다. 부모는 아이들의 교우관계나 그 깊이에 대해 관심을 갖고 경청할 필요가 있다. 아이가 넓고 다양한 관계를 좋아하는지, 아니면 소수의 깊은 관계를 더 선호하는지를 파악하는 것도 매우 중요하다. 이럴 때 에코맵을 사용해 볼 수 있다. 도화지 가운데에 '나'라고 적은 후 아이와 함께 작업해 본다. "은우야, 이제부터 네가 좋아하는 친구나 사귀고 싶은 친구, 그리고 아주 가까운 친구 혹은 좋아하는 어른도 포함해서 적어

보는 거야. 이름 말고 네가 아는 별명을 적어도 돼. 중요한 건 네가 너와 가깝다고 생각되는 사람은 가까운 곳에, 그리고 관계가 멀거나 소원하다고 느끼면 너와 떨어지게 그려 넣는 거야. 네가 어떤 친구를 어떻게 사귀는지 우리가 알아볼 수 있는 놀이야. 한번 해 볼까?" 이렇게 그림을 그리고 나면 아이와 함께 느낀 점을 나누면서 바꾸고 싶은 그림이 있는지 탐색해 본다. 예를 들어, "엄마, 예지가 너무 멀리 있는데 사실 나는 예지와 가까워지고 싶어."라고 말한다면 아이에게 물어본다. "그렇구나. 예지랑 친해지고 싶은 거네? 그런데 네 생각에는 어떻게 하면 예지랑 이 그림보다 가까워질 수 있을 것 같니?" 모든 답은 아이들에게 이미 있다. 그래서 아이들이 스스로 방법을 생각해 보고 간구할 수 있도록 질문을 해 주는 것이 바람직하다.

사람은 얼굴 표정만으로 그 사람의 감정 상태 혹은 성향과 기질, 질병까지 맞출 수 있다고 한다. 얼굴에는 수천 개의 근육이 있는데 그중 사람들이 사용하지 않는 근육이 너무 많이 있다고 한다. 이런 얼굴의 미세 근육을 많이 사용할수록 얼굴의 나이도 젊어지고 표정도 밝아진다고 한다. 특히 다양한 표정을 지닌 사람은 다양하게

자신의 감정을 표현할 수 있기 때문에 다른 사람들에게 호감을 더 표현할 수 있고, 이런 이유로 다른 사람들이 그 사람을 매력적이라고 느낄 수 있다. 얼굴 근육을 이완시키는 놀이를 해 보자. 신문지나 휴지를 뜯어서 한쪽 끝에 물을 묻힌다. 그런 후에 서로의 얼굴 곳곳에 붙여 준다. 엄마는 스무 개, 아이는 열 개씩 얼굴에 붙이고 "준비, 시작!" 하면 손을 사용하지 않고 얼굴만 움직여서 먼저 다 떼어 내는 사람이 이기는 것이다. 이렇게 워밍업을 한 후에는 '감정을 얼굴로 표현하기' 놀이를 해 보는 것도 좋다. 서로 표정만 지은 후에 상대방이 무슨 감정인지를 맞춰 보는 것이다.

브레인스토밍 친구와 하고 싶은 일 목록 만들기

요즘 아이들은 친구를 좋아하면서도 친구들과 함께하는 활동은 극히 제한적이다. 청소년기에 들어서면 친구들끼리 가장 많이 하는 활동이 PC방에 가서 하는 게임 정도다. 사실 함께한다고는 하지만 게임은 인간적인 상호작용을 할 수 있는 매개체가 아니다. 따라서 아이들이 다양한 자원을 갖고 있는 것이 중요하다. 엄마와 함께 친구들과 하고 싶고 또 할 수 있는 활동이나 놀이를 적어 본다. 아이들은 이런 활동을 하면서 사고의 유연성을 얻을 수 있고, 엄마가 예전에 친구들과 어떤 활동이나 놀이를 했는지 들어 보면서 활동 자체는 바뀌었어도 관계에 대한 욕구나 친밀감을 형성하는 과정은 크게 다르지 않음을 느껴 볼 수 있다. 이런 과정은 서로의 생각 차이나 세대차이를 줄일 수 있는 계기가 된다.

인터뷰 하기 사촌에게 묻자! "어떤 친구가 좋은 친구라고 생각하세요?"

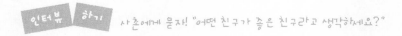

일상에서 친숙한 친구들이나 어른과 인터뷰를 하는 것은 부담스러운 일이다. 그렇지만 자기 또래의 사촌들을 대상으로 인터뷰를 해오는 과제는 아이들이 흥미를 느낄 수 있다. "이건 인터뷰 게임이야. 휴대전화에 보면 녹음기 기능이 있어. 그걸 사용해서

다른 사람들이 친구에 대해서 뭐라고 생각하는지, 어떤 친구가 좋은 친구라고 생각하는지 의견을 물어서 녹음을 해 오는 거야. 그런 다음에 우리 함께 얘기해 보자. 사람들이 뭐라고 말할지 엄마도 무척 궁금한데?" 인터뷰 대상은 나이가 좀 많거나 적어도 상관없다. 친하거나 가깝게 지내서 인터뷰를 하고 녹음을 하는 것이 편한 사람에게 정보를 얻어 오는 것도 좋다. 다른 사람들이 친구에 대해 생각하는 기준을 들어 보는 것도 좋지만 인터뷰를 위한 질문을 해 봄으로써 다른 사람들과 관계를 맺는 공식적인 절차와 경청의 기술을 배울 수 있는 기회가 되기도 한다. 미취학 아동보다는 초등학생들에게 적합한 놀이다.

통계 조사 어떤 사람이 인기가 많나요?

프로젝트식 수업을 하는 초등학생 아이들이 가끔 공원이나 번화가 같은 대중이 많이 모인 자리에 나가 사람들의 개인적인 의견들을 물어보는 과제를 하는 것을 볼 수 있다. 이런 활동을 응용한 놀이다. 엄마와 함께 친구에게 인기를 끌 수 있는 방법이 무엇이 있는지 의견을 낸 후에 나름대로 우선순위를 매기고 네댓 개로 추린다. 그런 후에 그것을 보드 판에 칸을 나누어서 쓰고 사람들의 의견을 스티커로 붙이도록 요청한다. 동네 사람들이나 학교 친구, 학원 친구들 모임, 혹은 부모님의 친구들이나 친척들에게 조사하여 통계를 내 본다. 그런 후에 나의 순위와 다른 사람들의 순위를 살펴보고 이렇게 인기가 좋은 사람이 되려면 무엇이 필요한지 토론을 해 본다.

강점과 긍정성을 키워 주는 놀이 방법

최근 들어 심리학 분야에서 건강심리학과 긍정심리학이 새롭게 각광받고 있다. 사람을 병리적, 문제 중심적으로 바라보다가 다른 사람들이 주로 보지 않는 긍정성과 다양성, 강점에 초점을 두고 보았더니 오히려 문제가 생각했던 것만큼 큰 영향력을 발휘하지 않는다는 것을 깨달았기 때문이다. 긍정심리학에 대한 중요한 예 중 하나는 긍정심리학자 릭 스나이더의 딸 니키의 이야기일 것이다.

어느 날 릭 스나이더는 다섯 살짜리 딸 니키와 정원에서 잡초를 뽑고 있었다. 그는 잡초를 뽑는 것에만 집중하는데 딸이 옆에서 잡초를 던지며 노는 모습을 보고 갑자기 화가 났다. 그래서 딸에게 소리를 질렀다고 한다. 니키는 조용히 다가오더니 아빠에게 이렇게 말했다. "아빠…… 전 다섯 살이 되기 전까지 늘 투정만 부렸지요. 그런데 다섯 살이 되면서 그러지 않겠다고 마음먹었어요. 아마 내가 마음먹은 일 중 가장 어려웠던 것 같아요. 내가 징징대는 것을 그칠 수 있는 것처럼 아빠도 그렇게 소리 지르는 것을 그만둘 수 있어요." 딸의 이야기는 심리학자인 아빠에게 통찰을 주었다. 니키를 키우는 데 있어서 중요한 것은 잘못된 점을 지적하고 고치는 데 있지 않고 아이가 만날 어려운 상황에서 잘 견뎌낼 수 있도록 완충적인 역할을 하고 강점을 찾아내서 격려해 주는 것이라는 것을 알게 되었다고 한다. 불안한 아동의 경우에 이를 적용해 보자. 불안 증상에 더 이상 초점을 두지 않고, 아이의 강점에 초점을 두는 것이 불안을 경감시키는 데 더 도움이 될 수 있다. 여기서 소개하는 놀이는 긍정심리학의 철학적 배경처럼 아동이 갖고 있는 긍정성과 강점에 초점을 두어 그것을 극대화하는 데 목적을 둔다. 소개할 놀이의 특징은 다음과 같다.

우선 문제와 증상을 아동으로부터 분리해 내는 것부터 시작한다. 그리고 놀이를 통해 아동의 이야기를 아동의 시각에서 들어 보고자 노력하는 경청 자세를 배운다. 마지막으로 아동이 발견한 자

신의 긍정성과 강점을 스스로 경험하게 하고, 이것을 널리 알리고
다지게 해서 좀 더 견고하게 만드는 것이다.

마술 선물 상자 만들기 문제를 아이로부터 떼어 내는 놀이 방법

마술 선물 상자 만들기는 아동으로 하여금 걱정거리나 불안, 두려움을 자신에게서 분리할 수 있도록 돕는다. 작고 예쁜 상자와 그 안에 적어 넣을 수 있는 종이 쪽지 여러 개를 준비한다. "네가 가장 걱정하는 게 뭐지?"라고 물은 후에 아동이 대답을 하면 그때부터는 그 걱정거리가 주인공이 된다. 만약 아이가 "전 학교 급식 때 밥

을 느리게 먹는 것이 너무 걱정되고 두려워요."라고 말한다면 그런 모습에 이름을 붙여 보도록 한다. 아동이 직접 이것에 '느림보 달팽이'라는 이름을 붙였다면 느림보 달팽이가 아이에게 미치는 영향을 탐색해 본다. "느림보 달팽이가 널 자주 걱정하게 만드는구나. 느림보 달팽이가 나타나면 넌 어떤 기분이 드니? 어떻게 하고 싶니?" 그런 후에 혹 이런 느림보 달팽이가 필요한 사람이 주변에 없는지 탐색해 본다. 아이가 생각해 내지 못한다면 엄마가 아이에게 이렇게 말해 줄 수 있다. "엄마 친구 중에 마음이 항상 급해서 늘 무언가 하나씩 빼먹고 다니는 사람이 있거든. 그 아줌마한테는 느림보 달팽이가 꼭 필요할 것 같아. 우리 이 느림보 달팽이를 상자 안에 넣어서 그 아줌마에게 선물로 주면 어떨까?" 이렇게 하고 나면 아이와 함께 선물 상자에 넣을 선물 '느림보 달팽이'를 색종이에 적는다. '느림보 달팽이가 저의 삶에서는 학교 급식 시간을 즐겁지 않게 만들었지만 이제는 아줌마에게 드릴게요. 이제부터는 느림보 달팽이가 아줌마가 좀 더 침착해지도록 도울 거예요.'라고 쓸 수 있다.

사람들은 때때로 상대방의 이야기를 자신의 관점과 틀에서 받

아들이고 해석한다. 요즘 누구나 공감적인 경청이라는 말을 한두 번 정도 들어 보았을 것이지만 부모가 처음부터 자녀에게 공감적인 경청을 하기란 쉬운 일은 아니다. 그렇지만 아동의 생각을 바꾸기 위해서 더 이상 부모의 생각과 관점을 강요하지 않겠다는 철학을 가지고 대한다면 가능할 수 있다. 더구나 부모가 어른이기 때문에 자신이 아이보다 나은 생각을 갖고 있다는 선입견을 내려놓으면 좀 더 쉬워진다. 그 대신 순수한 호기심으로 아이의 이야기에 관심을 가지면서 접근한다면 아동은 자신의 부모로부터 존중받는다는 강한 느낌을 경험할 것이고, 그런 다음에 부모는 아동의 이야기 안에 이미 존재하고 있던 새로운 가능성의 이야기를 발견할 수 있는 완충 공간을 만날 수 있다.

우리는 '여우야 여우야 뭐하니?' 놀이를 잘 알고 있다. 한쪽 끝에 술래가 있고 다른 사람은 반대편 끝에서부터 한 발씩 뜀뛰기를 하면서 단계적으로 질문하며 가까이 다가오는 놀이다. 마지막 순간까지 다가왔을 때의 긴장감은 이루 말할 수 없다. 상대방을 잡고 싶은 마음이 크기 때문이다. 이 놀이를 살짝 응용해 다르게 진행한다. 예를 들어, 마음껏 바꿔서 말할 수 있는 것이다. "여우야 여우야 뭐하니?"라고 했을 때 아이가 "축구한다."라고 말한다면 엄마는 "몸짱이네." 혹은 "박지성 선수." 하고 맞장구를 쳐 준다. 그런 후에 "여우야 여우야 축구는 왜 하니?"라고 묻는다. 다시 "여우야 여우야 뭐하니?"라고 똑같이 묻지 않고 아이가 한 이야기를 반복해서 확장하면 좋다. 만약 "친구에게 인기 끌고 싶어서."라고 대답한다면 한 발자국 또 뛴 다음에 "여우야 여우야, 넌 뭘 보면 친구들에게 인기 있는 것을 알 수 있니?"라고 물을 수 있다. 거의 다 왔을 때는 똑같이 "살았니 죽었니?"를 물은 후에 도망치거나 잡는 것으로 놀이를 끝낸다. 이 놀이는 적극적인 상호작용을 촉진하는 것으로, 특히 아동이 한 이야기에 집중해서 듣고 반응할 수 있다는 큰 장점이 있다.

임금님 귀는 당나귀 귀 _새로 발견한 가능성을 다지고 소문내기_

새로 발견한 가능성과 강점은 거기에서 끝나기보다 곳곳으로 퍼져서 좀 더 깊숙이 뿌리 내릴 때 더 잘 유지될 수 있다. 따라서 새로 발견한 아동의 강점과 긍정성을 오래 유지하고 강화될 수 있도록 소문을 내 주도록 하자. 우리는 〈임금님 귀는 당나귀 귀〉라는 동화를 잘 기억하고 있다. 우리의 삶에서 안 좋은 이야기는 쉽게 소문이 나지만 좋은 이야기는 별로 소문이 나지 않는다. 이 놀이는 엄마가 아동의 성장과 변화, 강점을 다른 사람들에게 알리고 자랑하는 것이다. 앞에서 소개한 다양한 놀이를 통해서 엄마가 아동의 강점이나 멋진 이야기를 발견한 부분이 있다면, 혹은 칭찬하고 싶은 내용이 있다면 이를 휴대전화 문자 메시지로 아빠와 조부모, 사촌이나 가까운 선생님에게 보내는 것이다. 그런 후에 답 문자가 온 것을 모아서 아이에게 보여 주거나 때에 따라서는 그대로 사진을 찍어서 스크랩하거나 글로 적어서 간직한다.

하드보드 사람 인형 만들기 다양한 나의 정체성을 표현하기

하드보드지를 여러 겹 붙여서 사람 모양 인형을 만든다. 크기는 자신의 마음 내키는 대로 정한다. 이렇게 만든 후 앞면과 뒷면 모두에 사람 모양을 표현하는데, 한쪽은 우울한 표정으로, 다른 한쪽은 웃고 있는 표정으로 한다. 그런 후에 표정에 해당하는 일을 적는다. 우울한 표정 쪽에 친구랑 싸울 때, 동생이 괴롭힐 때, 엄마가 혼낼 때 등을 썼다면 웃는 얼굴 쪽에는 행복한 것과 관련된 이야기를 적도록 한다. 시험을 잘 봤을 때, 게임에서 높은 점수를 받았을 때, 아빠가 장난감을 사줬을 때, 자전거를 잘 탔을 때 등이 있을 것이다. 이런 과정을 통해서 우리는 분명 우울할 때도 있지만 기분이 좋을 때도 많다는 것을 기억하고 증명할 수 있다.

〈노란 손수건〉이라는 소설은 대중적으로 널리 사랑받은 작품이다. 지금도 노란 손수건은 '나는 아직도 당신을 사랑하고 있고 기억하고 있어요! 당신을 이해하고 받아들입니다.' 라는 의미를 상징한다. 이 놀이를 하기 전에 이 소설의 내용을 아동에게 알려 주거나 함께 아동용으로 각색된 책을 읽어 보는 것도 좋다. 그런 후 노란색 천을 작게 잘라서 그 위에 아이들의 강점을 각각 하나씩 쓴 후 묘목이나 분재 등에 매달아 준다. 이런 것이 불편하다면 나뭇가지를 가져다 화분에 넣어서 거기에 매달아도 된다. 꼭 진짜 나무가 아니어도 괜찮지만 아동은 스케치북에 그리기보다는 실제로 노란색 천에 써 주는 것을 훨씬 더 좋아한다. 노란색 천 조각에 엄마가 놀이를 하면서 자신이 느낀 점을 바탕으로 아동의 잘한 점과 자랑스러운 점, 훌륭한 점을 찾아서 써 주면 된다. 마지막으로 노란 손수건이 달린 나무를 사진 찍어 주는 것도 매우 중요한 일의 하나다. 이것은 놀이 활동으로 끝나는 것이 아니라 증거물을 남겨 간직하고, 추억을 공유한다는 의미를 갖기도 한다.

우리는 지금까지 불안한 아이들과 가정 내에서 다양한 방법으로 놀아 줄 수 있는 기술에 관해 이야기해 보았다. 얼마나 다양한 놀이 기법을 알고 있느냐가 중요한 것이 아니고, 이 중 하나라도 아이와 직접 해 보려고 했느냐가 중요하다. 아무리 내게 좋은 약이 있다 하더라도 그것을 집어서 내 입에 털어 넣지 않으면 그 약은 아무런 효과를 발휘하지 못한다. 아동이 불안한 모습을 보이는 원인은 부모-자녀관계의 문제, 가족문제에서 시작되는 경우가 많다. 아동이 불안한 증상을 보이는 것이 궁극적으로는 아동만의 문제가 아니라는 이야기다. 그런 만큼 부모와 자녀가 하나가 되고, 가족이 하나의 공동 협력체가 되어 놀이를 통한 나눔의 장을 만들고, 이를 반복적으로 경험하는 것이 중요하다. 가족의 변화가 이 세상을 변화시킬 수 있는 힘이 된다는 약속을 믿었으면 한다.

분리불안

질문: 네 살짜리 딸이 어린이집에 가지 않으려 해요. 분리불안인가요?

답변: 분리불안일 가능성도 있지만 아이의 기질 때문에 새로운 곳에 적응하는 데 시간이 필요한 경우도 있습니다. 아이가 새로운 곳이나 사람들에게 적응하는 데 필요한 시간이 얼마나 되는지, 어떤 경로로 적응하게 되는지를 잘 관찰해 보세요. 아이의 기질을 존중해 주면서 안심시키고, 어린이집 선생님과 협조하면 적응하도록 도울 수 있습니다. 지나치게 빨리 어린이집을 그만두거나 옮기려는 결정은 오히려 아이가 쉽게 포기하고 회피하게 만들 수도 있습니다. 또한 부모님과의 애착이 안정적으로 형성되었는지도 살펴보시고, 언어 발달 등이 미진해 어린이집에 갈 준비가 되지 않은 것은 아닌지도 살펴보셔야 합니다.

이혼 후 불안

질문: 이혼 후 아이가 엄마와 떨어지려 하지 않아요. 정상인가요?

답변: 부모의 이혼 후 자녀들은 큰 스트레스와 함께 불안을 느끼게 됩니다. 더욱이 한쪽 부모와 헤어지는 상황은 다른 부모도 자신을 떠날 것에 대한 불안감을 자극하게 됩니다. 그러므로 안정적인 애착을 형성한 아동도 이혼 후에 변화된 환경에 대해 불안감을 느끼고 다시 어린아이처럼 퇴행하면서 함께 사는 부모에게 집착하는 모습을 보일 수 있습니다. 이런 경우 아이에게 강하고 엄한 태도로 대하시기보다 아이가 느끼는 불안과 혼란감을 수용해 주시고 아이 수준에서 이

해할 수 있는 말로 안심시켜 주십시오. 지나치게 구체적인 내용이나 부부간의 이야기를 모두 해 줄 필요는 없습니다. 부부가 함께 살지 않게 되었지만 계속 자녀를 사랑하고 부모로서 해 오던 일을 계속할 것이라는 점을 반복해서 알려 주시면 됩니다.

불안과 틱

질문 1: 틱을 보이면 불안하다는 것인가요?

답변 1: 틱은 일차적인 틱과 이차적인 틱으로 나뉩니다. 대체로 일차적인 틱은 유전적·생물학적 요인이 주요 요인이며, 이차적인 틱은 심리적인 스트레스나 불안감에서 비롯된 이차적인 증상이라고 합니다. 따라서 심리적 불안감은 틱을 유발하거나 강화시킬 수 있지만 틱의 원인이 반드시 불안감 때문이라고 볼 수는 없습니다. 즉, 불안하다고 모두 틱을 보이는 것도 아니고, 틱을 보인다고 다 불안한 것도 아닙니다. 다만 스트레스와 불안, 긴장은 유발된 틱을 더 강화시킬 수 있습니다.

질문2: 틱이 나타나면 어떻게 해야 하나요?

답변2: 틱은 불수의적인 증상입니다. 즉, 자신이 조절할 수 있는 것이 아닙니다. 그러므로 틱을 보이는 아이에게 틱을 중단하라고 말하면 일시적으로 조절하는 모습을 보일 수는 있겠지만 결과적으로 틱을 없앨 수는 없습니다. 오히려 긴장과 억제된 행동으로 불안감이 증가되어 다른 모습의 틱을 나타내게 됩니다. 또한 틱을 하면 누군가 옆에서 말해 주지 않아도 스스로 인지하는 순간 긴장하는 경우가 많습니다. 그러므로 틱에 대해 편안하게 대해 주시고 대수롭지 않게 봐 주시는 것이 좋습니다. 틱은 나타났다가도 사라지고, 사라졌다가 다시 나타날 수 있습니다.

질문 3: **틱과 뚜렛증후군은 어떻게 다른가요?**

답변 3: 틱은 일반적으로 운동틱과 음성틱으로 나뉩니다. 목을 흔들고 몸을 앞뒤로 움직이는 등의 운동틱과 소리를 내는 음성틱이 동시에 6개월 이상 나타나는 경우를 뚜렛증후군이라고 하며, 이는 주로 생물학적인 원인에 의한 것입니다. 따라서 이 경우에는 적절한 약물치료를 권장합니다.

질문 4: **틱 때문에 학교에 가기 싫어합니다. 어떻게 하지요?**

답변 4: 틱이 나타났을 때는 편안하게 일상적인 모습으로 대하시되 자녀에게 학교에서 일어날 수 있는 일들에 대해서 미리 대비시키시는 것이 좋습니다. 틱을 보고 학교 친구들이 왜 그러냐고 하면 "발달 과정에서 흔히 일어나는 일이래. 자라면서 없어지기도 한대."라고 간단하게 대답해 줄 수 있습니다. 과학고등학교나 KAIST의 학생들에게서 틱이 많이 나타난다는 말도 있습니다. 그러므로 틱증상 자체보다는 틱증상을 어떻게 느끼고 반응하느냐가 중요합니다. 틱을 지닌 유명한 과학자나 학자들, 운동선수들도 많습니다. 틱이 심해서 학교생활이 어려울 정도라면 전문적인 치료를 받아 적응에 도움을 주는 것이 필요합니다.

강박장애

질문: 아이가 가족들에게 이불을 항상 빨아달라, 수건은 꼭 한 번 쓰고 빨아라, 금을 밟지 말고 다녀라 등 심한 요구를 해요. 다 들어줘야 하나요?

답변: 부모들은 아이가 강박적인 행동을 요구할 경우 그 요구가 불합리하고 터무니없

어도 들어주는 편을 택하기도 합니다. 얼마나 힘들겠나 싶어서, 또 그리 큰 부탁도 아니라서, 딱히 어떻게 해 줘야 할지 몰라서 요구를 들어주는 것이지만 이런 행동은 아이의 강박적인 생각과 행동을 강화시키는 역할을 합니다. 그러므로 왜 그렇게 해야 하는지를 물어보고, 그런 생각이 현실적이지 않음을 알려 준 후 합리적인 사고와 행동을 천천히 습관화시킬 수 있도록 도와야 합니다. 즉, 청결을 강조하는 강박적 행동의 이면에 숨은 '깨끗하게 빨지 않으면 병에 걸린다.'라는 강박적인 생각을 '몇 번을 사용해도 병에 걸리지 않는다.'는 생각으로 바꾸도록 돕는 것입니다. 이를 위해서는 강제적이고 강압적인 지시나 교육보다는 수건을 단 한 번 써야 하는 것을 두세 번 쓰면서 병에 걸리지 않는다는 것을 경험해 이에 조금씩 적응하게 하고 그런 생각이 바뀔 수 있다는 것을 경험하게 만드는 것이 좋습니다. 즉, 자신의 두려움을 현실 속에서 검증할 기회를 부모가 함께해 주는 것입니다.

선택적 함묵증

질문: **집에서와는 달리 밖에서는 말을 하지 않아요. 어떻게 하나요?**

답변: 말하지 않는 것에 주목하여 말을 하라고 권하거나 다양한 방법으로 말을 유도하지 마십시오. 이보다는 말을 하지는 않지만 행동과 표현, 몸짓을 통해서 의사소통을 할 수 있음을 알려 주십시오. 예를 들어, 과일 가게에 갔는데 무얼 살까 고민하는 과정에서 좋아하는 과일을 말하지 않는다고 배제하지 말고 어떤 과일을 살지 물어보십시오. 아이가 손으로 가리키거나 눈짓을 하거나 좋아하는 과일 옆에 가서 서 있을 수도 있습니다. 이런 행동들에 주목해서 반응을 해 주십시오. "복숭아를 쳐다보는 거 보니 복숭아를 사자는 뜻이구나?"라고 반응해 주면서 물어보시고, 고갯짓을 할 때도 "그래. 엄마가 잘 봤네. 맞지? 그걸 사자."라

고 하면서 대처하시면 됩니다. 의사소통과 상호작용에서 배제되지 않고, 말이 아니어도 소통하고 있다는 것을 느끼면 차츰 바깥세상에서 느끼는 긴장과 불안감이 줄어들고 거기에 참여하게 됩니다. 말하는 것만이 표현은 아닙니다.

외상후스트레스장애

질문 1: **교통사고를 당했습니다. 상처가 심각하지는 않았지만 아이가 그 후로 악몽을 꾸고 혼자 있기 싫어하고 짜증을 잘 내며 무엇보다 차를 타지 않으려 합니다. 병원에 입원해야 하나요?**

답변 1: 교통사고를 당한 후 보이는 외상후스트레스 반응입니다. 학교생활이나 유치원 생활 등을 못할 정도로 심각하다면 병원에서 치료를 받아야 합니다. 그렇지만 외상이 심하지 않은 대부분의 경우 이런 일시적인 적응장애를 며칠에서 수개월간 보이면서 적응해 나갑니다. 부모님께서는 이럴 때 아이에게 빠른 적응과 쾌유를 기대하지 마시고 아이가 겪은 충격과 스트레스를 인정하신 후 놀란 마음과 함께 마음속에서 반복적으로 기억되면서 겪는 불안을 이해하셔야 합니다. 그러므로 아이가 악몽을 꾸거나 혼자 있기 싫어하는 불안한 반응을 보일 때는 아이를 안아 주시면서 신체적인 접촉으로 신체적 긴장감을 이완시켜 주십시오. 그리고 아이가 당한 충격을 다시 반복하지 않기 위해 사고에 관한 이야기를 전혀 하지 않는 경우도 있는데, 이보다는 아이가 자발적으로 사고에 대해 말하는 것을 잘 듣고 함께 대화하는 것이 좋습니다. 이때 역시 부모가 먼저 말을 꺼내거나 이것저것 캐묻는 것은 좋지 않습니다. 이보다는 아이가 자발적으로 말을 시작할 때 귀 기울여 들어 주시고, 그때 기분이 어떠했는지, 어떻게 행동했는지, 지금은 어떤지 등을 물어보시면서 편안하게 이야기를 풀어 나가시는 것이 좋습니다. 차를 타지 않으려는 회피행동도 다분히 정상적입니다. 시간이 지나면서 아이가 차를 타거나 이용한다고 해서 모두 사고가 나는 것은 아니라는 점을 알게 될 때, 다시 차를 이용할 수 있을 때까지 기다려 주시고 조금씩 안전한 승차를 경험할 수 있도록 도와주시면 됩니다. 이런 반응이 6개월 이상 지속되거나 점차 더 심해진다면 전문적인 진단과 치료를 알아보셔야 합니다.

질문 2: 키우던 강아지가 죽었습니다. 어떻게 해야 하나요?

답변 2: 함께 집에서 키우던 강아지를 잃는 슬픔은 아이들에게 깊은 상처와 상실감을 안겨 줍니다. 자녀들이 충분히 슬퍼할 수 있도록 허락해 주십시오. 충분히 슬퍼하고, 슬픔의 감정을 가족이 함께 나누면서 강아지의 장례식을 치러 주십시오. 거창한 장례식이 아니라 다양한 방식으로 강아지를 떠나보내는 작은 의식을 한다고 생각하시면 좋습니다. 이런 의식은 자녀들에게 헤어짐과 이별, 상실에 따른 슬픔의 감정을 어떻게 해결하는지에 대해 알려 줍니다. 또한 가족들은 이런 의식을 통해 자녀들의 감정을 존중해 주고 함께한다는 소속감과 지지를 제공해 줍니다. 장례식이 어렵다면 강아지가 쓰던 장소나 물건들, 사진들을 정리하면서 강아지와 함께했던 추억들을 다시 함께 나누고 정리할 수 있도록 해 주시는 것도 좋습니다. 그 이후로도 간간이 강아지에 대한 추억을 꺼내 함께 이야기하는 것은 아이에게 슬픔이라는 힘든 감정도 시간이 지나면 고통스럽지만은 않다는 사실과 추억을 통해 또 다른 긍정적인 감정들을 느낄 수 있다는 사실을 깨닫는 기회를 줄 것입니다.

이용승(2000). 범불안장애. 학지사.

이춘재, 성현란, 송길연, 윤혜경, 김혜리, 박혜원, 장유경, 정윤경 공역(2011). 발달정
　　신병리학-영아기부터 청소년기까지(Charles Wenar, Patricia Kerig 공저). 박학사.

이희경 역(2008). 긍정심리학 핸드북(C. R. Snyder, Shane. J. Lopez 공저). 학지사.

정옥분(2009). 발달심리학. 학지사.

최미례, 연미영 공역(2010). 두려움과 걱정에 사로잡힌 아이들-불안장애(Edna B.
　　Foa, Linda Wasmer Andrews 공저). 학지사.

Allen, J. S., & Klein, R. J. (1997). *Ready⋯ Set⋯ R.E.L.A.X.: A Research-Based
　　Program of Relaxation, Learning, and Self-Esteem for Children.* Inner
　　Coaching.

Beidel, D. C., & Turner, S. M. (2005). *Childhood Anxiety Disorders: A Guide to
　　Research and Treatment.* Routledge.

Hobday, A., & Ollier, K. (1999). *Creative Therapy with Children and Adolescents.*
　　Impact Publishers.

Klein, R. G., & Last, C. G. (1989). *Anxiety disorders in children.* Newbury Park, CA:

Sage.

March, J. S. (2007). *Talking Back to OCD: The Program That Helps Kids and Teens Say "No Way" – and Parents Say "Way to Go"*. Guilford Press.

Preston, D. L. (2001). *365 steps to self-confidence*. How To Books Ltd.

Ronald, M. R., Susan. H. S., Vanessa C., & Ann, W. (2000). *Helping your anxious child: A step by step guide for parent*. New Harbinger Publication.

Stephen, M., & Victoria, C. (2008). *The everything parent's guide to children with OCD*. Avon, MA: Adamsmedia.

찾아보기 . . .

찾아보기

　　　　　　　　　　　　　　　저자들은 아동과 청소년, 가족 심
리치료 기관인 한스카운셀링센터에서 지속적으로 상담을 하면서 그것을 바탕
으로 심리치료 도구 개발과 저술활동을 하고 있다. 이들이 공동으로 개발한 심
리치료 도구에는 '게임 속의 이야기' '나를 찾는 여행' 등이 있으며, 공동 저서
로는 '아동과 청소년 문제해결 시리즈'가 있다.

김유숙
- 일본 동경대학교 의학부 석·박사학위(임상심리전공)
- 가족치료 슈퍼바이저, 가족상담 지도감독자, 놀이치료 교육전문가,
　　　모래놀이치료 지도감독자
- 현 서울여자대학교 교육심리학과 교수
- 저서: 가족평가 핸드북, 모래놀이치료의 본질, 아동과 청소년 심리치료,
　　　자기실현과 정신건강

박진희
- 서울여자대학교 교육심리학과 박사과정 수료
- 아주대학교병원 정신과 임상심리수련과정 수료
- 임상심리전문가, 정신보건임상심리사 1급, 서울가정법원 상담위원

최지원
- 서울여자대학교 교육심리학과 박사과정 수료
- 아주대학교병원 정신과 임상심리수련과정 수료
- 가족치료사 1급, 정신보건임상심리사 2급, 상담심리사 2급,
　　　치료레크리에이션 전문가

| 아동과 청소년 문제해결 시리즈 4 |

불안장애 아동 · 불안하고 걱정 많은 아이를 어떻게 도울 것인가? ·

초판 1쇄 발행 2012년 6월 15일
초판 5쇄 발행 2023년 3월 20일

지은이 김유숙 · 박진희 · 최지원
발행인 김진환

발행처 (주)**학지사**
발행처 이너북스　**주소** 서울특별시 마포구 양화로 15길 20 마인드월드빌딩
대표전화 02-330-5114　**팩스** 02-324-2345
출판신고 2006년 11월 13일　제313-2006-000265호
홈페이지 http://www.hakjisa.co.kr

ISBN 978-89-92654-47-0　03180

정가 10,000원

출판미디어기업 **학지사**

간호보건의학출판 **학지사메디컬** www.hakjisamd.co.kr
심리검사연구소 **인싸이트** www.inpsyt.co.kr
학술논문서비스 **뉴논문** www.newnonmun.com
교육연수원 **카운피아** www.counpia.com